茶番選挙

仁義なき候補者選考

棣《はんどう》 大樹《たいき》

はしがき

誰を国会議員として国会に送り込むか。それは、私たちが投票で決めている――はずである。

が、本当にそうだろうか。有権者は、選挙に立候補した人の中から、誰かを選んで投票するしかない。立候補していない人には投票できない。

立候補するのはどういう人だろうか。国政選挙は政党中心に行われ、立候補者となるのは、政党が選んだ公認候補者である。もちろん、政党の支援など受けず自力で立候補することも可能であるが、それでは当選は困難であるうえ、選挙には供託金（衆議院小選挙区・参議院選挙区で300万円）はじめ様々なお金もかかるので、自力での立候補には大きなハードルがある。

では、政党はどのようにして公認候補者を選考しているか。誰を国会議員にするかを決めるプロセスの中で、ここが重要な部分と思われる。が、それは密室で行われ、その内実はあまり報道されず、有権者にはほとんど知るすべがない。

本書は、私の実体験に基づき、この闇に光を当てようとするものである。

広島県民である私は、「立憲民主党」から、買収事件を起こした河井案里参議院議員（広島県選挙区選出）が辞めた後の選挙に出ないかという打診を受け、これを引き受けてそのつもりで1年近く待機・準備していた。が、最終的に別の人が候補者に選ばれ、私の存在は闇に消されてしまった。本書で、その顛末を明らかにしたい。報道機関の多くは、こういった経緯を知っていても報じない。そこで、報道機関に代わって国民の知る権利に応えるとともに、より良い政治が行われるための問題提起としたい。

河井案里氏の当選無効に伴う参議院広島県選挙区再選挙（2021年4月25日）の広島県選挙管理委員会作成の看板

こんな思いで本書を世に出す。

「だまっとれん。」

『茶番選挙　仁義なき候補者選考』●もくじ

1 私の来た道～弁護士から社会活動家へ

私は弁護士だった。司法試験（旧司法試験）は6回目の受験で27歳のときにやっと合格し、司法修習を経て、2004年に広島市内で弁護士業務をスタートした。3年余の勤務弁護士を経て、2007年に自分の法律事務所を開業した。事務所のスタッフは増えていき、私のほかに勤務弁護士1人、事務職員もパートも含め5人となり、とても忙しくやっていた。受任した案件の解決、そして事務所をいかに維持・繁栄させるかばかりを考えていた。政治的な活動などまったく無縁だった。

業務の幅を広げるべく、中小企業診断士という経営コンサルタントの国家試験に2011年からチャレンジし、2012年に合格した。マークシートの一次試験に合格すると論述式の二次試験で、最後に口述試験、という旧司法試験とよく似た三段構えの、なかなか大変な試験である。弁護士業務の傍ら、鬼気迫るほど、勉強した。最後の口述試験の日は2012年12月16日（日）だった。だいぶ後になって、この日は衆院選の投票日だったことを知った。そんなことはまったく知らないで勉強に集中していた。合格後、実務補修（中小企業診断士の指導のもと中小企業数社でコンサルティング実務を体験する）を経て、2013年春に中小企業診断士登録した。

その後は中小企業の顧問先がどんどん増えていった。

中小企業診断士試験は7科目と多岐にわたり、広範囲に様々なことを勉強しなければならない。「財務会計」などの知識は弁護士業務にも大変役立った。「経済学・経済政策」で学んだ知識は政治の動きを見ていくうえでも必須であり、そういう意味でも後々役立つこととなる。

そんな2013年、私が政治の動きを注視するようになるきっかけとなる出来事があった。これが改憲手続を定める憲法96条を変えて改憲しやすくしようという、憲法96条改正論である。これが2013年7月の参院選で争点の一つとされた。要するに、檻（＝憲法）に縛られているライオン（＝国家権力）が、檻が硬すぎて変えられないからもっと軟らかい檻に取り換えてくれ、と言い出したのである。詳しくは、拙著『檻の中のライオン』と『檻を壊すライオン』（かもがわ出版）をご参照いただきたい。

これはおかしい。投票でブレーキをかけなければならない。広島県民である私は、広島県選挙区で「森本真治」氏（民主党）に投票した（この森本氏が後にも登場する）。自民党にとって最も強力な対立候補と思ったから。しかし、96条改憲を掲げる勢力が大きく議席を得た。この国はいったいどうなっているのか。

7月21日の参院選の直後の8月8日、駐フランス大使であった小松一郎氏が内閣法制局長官に就任した。小松氏は就任直後の記者会見で、「集団的自衛権の行使は現憲法下では違憲」という内閣法制局の一貫した見解を見直す考えを明らかにした（拙著『檻を壊すライオン』143頁参照）。

その年の12月6日、全国すべての弁護士会が「違憲」と指摘する特定秘密保護法が、あっという間に成立した（拙著『檻の中のライオン』『檻を壊すライオン』参照）。衝撃を受けた。これはやはり、いよいよおかしい。

もはや黙っていてはいけない。法が壊れていくのを、法律家が見過ごすわけにはいかない。憲法とは何か？　を主権者国民に知らしめる活動を法律家がしなければならない。特定秘密保護法成立の翌日（2013年12月7日）、私は書店へ行き、憲法の本を大量に買い込んだ。そして、フェイスブックに投稿した。憲法本を並べた写真に「この国が危ない。何とかしなければ！　国民一人ひとりが憲法を勉強しましょう！」と書き添えて。ちょうどこの日は、Jリーグでサンフレッチェ広島が優勝を決め、私のフェイスブックには「サンフレッチェ優勝！」と喜ぶ投稿ばかり流れていて、私の投稿は異様さが際立つものとなった。

憲法は司法試験の重要科目である。司法試験受験生時代には何年も勉強したものだ。なかなか合格しないでいる間にたくさんの本を読んだ。が、弁護士業務で憲法を使うことはまずない。2002年に司法試験に合格して以来10年以上触ることのなかった憲法の本を引っ張り出し、新しい本も買い込んで読み漁り、憲法について知人に話したりフェイスブックに投稿したりしながら、どのようにすればより多くの人に伝えることができるのか？　をずっと考え続けた。

２０１５年5月3日、憲法記念日だからフェイスブックに憲法のことを書かなければならないが何を書こうか？　と考えていて思いついたのが、「ライオンと檻」の比喩だった。国家権力を百獣の王ライオンに、憲法を檻にたとえれば、憲法全体も時事問題もひととおり説明できそうだ。その日のうちに、ライオンと檻にたとえると憲法の全体像はこんな感じ、という文章をフェイスブックにアップした。この投稿に多くの好意的なコメントがついた。そうか、これならイケる。

２０１５年7月、広島弁護士会に舞い込んだ憲法講演依頼を私が引き取って講師を務めた。ここで「ライオンと檻」の話を盛り込んだ。最初の講演の準備は大変で、１週間くらいかかりきりでパワーポイントを作りこんだ。教科書的な説明をした後にライオンと檻の話をするスタイルで何度か講演の経験を積むうち、「ライオンと檻のところがよかった。前半は難しかった」という感想をいただいたりして、パワーポイントを作り直し、最初からライオンと檻ですべて説明することにした。さらに、視覚的にわかりやすくするため、ライオンのパペットと、檻に見立てた水切りラックを使うようになった。このスタイルとなった２０１５年12月、広島市内の講演会場に、佐藤公治現衆議院議員、福知基弘広島県議も参加され（この二人も後に登場する）、地元のテレビ局が2社も来られて放送してくださった。

ちなみに、講演というと大きなホールに大勢集まってたくさん講師料が出て、というようなものを想像する方がおられるかもしれないが、どの会場も多くて数十人、少ないときは10人程度のこともあり、交通費等に満たない講師料のこともあったが、来た依頼は厭わず引き受けた。

２０１５年の秋、知人に本を出版するという方がおられて、自分もパワーポイントにイラストをつけたら本ができるはずだと思い立った。憲法の本を出している出版社を10数社見つけ、パワーポイントのコピーを同封した出版企画書を手あたり次第送ってみた。が、お断りの返事ばかりだった。返事もない出版社もあった。そんな中、ただ1社、引き受けましょうと言ってくださったのが、京都の「かもがわ出版」だった。

『檻の中のライオン　憲法がわかる46のおはなし』（かもがわ出版）

２０１５年の年末から原稿を書き始め、年明けに最初の原稿をかもがわ出版に送り、それから担当者と何十往復も

『公民の資料』（正進社）より

メールでやりとりして、どなたにも読みやすい本にするため手直しを重ねた。とても大変だった。憲法記念日までに、と思っていたが到底間に合わず、２０１６年６月下旬、ようやく出版にこぎつけた。７月の参院選には間に合った。

本を出すと、広島県外から講演依頼が舞い込むようになった。１回講演すると、参加者から次の依頼が来る、という調子で、講演回数は右肩上がりに増えていった。２０１５年８回、２０１６年30回、２０１７年49回、２０１８年１５０回、２０１９年２２１回。

教材出版社からお声かけいただき、全国の中学校で使われる公民副教材『公民の資料』（正進社）に、２０１８年度から『檻の

『けんぽう絵本　おりとライオン』（左、かもがわ出版）
『憲法紙芝居　檻の中のライオン』（右、同）

中のライオン』の抜粋を9ページにわたって掲載していただくこととなった（学校専用教材のため一般向けには販売していません）。

　書籍の売れ行きも出版社の想定を大きく上回るものとなり、講演活動を通じて協力してくださる方も現れ、そのおかげで2018年に『けんぽう絵本　おりとライオン』、2019年には『憲法紙芝居　檻の中のライオン』と続編も出版することができた。

　そんな活動をしていたところへやってきたのが、立候補の打診であった。

2　初めての立候補打診

まず、２０１９年2月下旬、「4月7日の広島市長選に出ませんか」という電話をいただいた。びっくりした。受けた電話で直ちに「選挙期間中ずっと講演ツアーで1日も広島にいないので無理です」と断った。この件は、これにて終了。

それからすぐの2月27日、今度は塩村あやか氏（現参議院議員、立憲民主党）から電話をいただいた。

「今年の参院選に全国比例で立候補してみませんか？　東京で蓮舫氏、福山哲郎氏と会ってみませんか？」

そんな話が来るとは。びっくりした。

塩村氏に初めてお会いしたのは、２０１７年4月22日、広島の仲間たちと広島市内で塩村氏を訪問したときである。このとき拙著『檻の中のライオン』を塩村氏に進呈した。塩村氏は『檻の中のライオン』を気に入ってくださったようで、その後塩村氏から「民進党広島県連主催の政治スクールで」と講演依頼をいただき、２０１７年11月、広島市で檻の中のライオン講演をさせていただいた。その直前、塩村氏は2017年10月の衆院選で広島3区から立候補し、河井克行氏と戦って落選された。

なかなかない機会であるし、話は聞いてみようか……

私は広島から東京へ行き、蓮舫参議院議員(立憲民主党副代表兼参議院幹事長)・福山哲郎参議院議員(同党幹事長)と三人でランチをご一緒した。

蓮舫氏には以前にもお会いしたことがある。蓮舫氏が広島市内で演説されたときに聴きに行き、『檻の中のライオン』の本を手渡したことがあり、蓮舫氏はそれを覚えていてくださった。福山氏とは初対面だった。

当時、自民党は、2人区の広島選挙区に現職の溝手顕正氏のほかに新人河井案里氏を擁立し、2議席独占を目論んできたと言われている状況だった。これをふまえて、両氏からこのように言われた。

広島で自民党2議席独占を阻止しなければならないが、野党側の現職は森本真治参議院議員(当時国民民主党)で、国民民主党は支持率が低く、自民党に2議席独占を許してしまいかねない。ここは立憲民主党から候補者を立てて、立憲民主党が自民党2議席独占を阻止したい。それを椋さんやりませんか、と。

塩村氏からは「全国比例で」という話を聞いていたので、違う話をされて面食らった。参議院の全国比例なら全国でやってきた講演活動がそのまま生かせるかもしれないと思っていました……と述べると、比例で当選するには「椋大樹」という票が7万票は必要で、それは難しいでしょう、比例ではなく広島選挙区です、と。

面食らった反応をする私に、お二人は、まあ検討してみてください、などとおっしゃって、会食を終えた。

家に帰って妻と相談したが、結論としては、このお話はお断りすることにして、面談から数日後に蓮舫氏に電話でその旨をお伝えした。

断った理由は2つ。

①現職の森本氏がいるのだから、私が頑張らなくても森本氏が出たらよいのではないか。

②全国で月20件のようなペースで講演活動をしていて、この活動は広島選挙区での立候補とは両立しない。すでに数か月先まで講演の予定が入っている。講演活動は代わりがきかないので、自分はこちらを頑張るべきではないか。

結局、立憲民主党は候補者を立てず、国民民主党の森本氏が立候補した。そして、森本氏は当選した。自民党の票が2つに割れた結果、森本氏はトップ当選であった。2番手で当選したのは河井案里氏。現職の溝手顕正氏が落選した。自民党2議席独占は阻止できた。

私は選挙期間中ほとんど広島におらず全国を飛び回り、投票日前日まで講演活動をして、投票日前日の夜に広島に帰り、投票日には投票用紙に「森本真治」と書いた。

選挙期間中、安倍晋三首相や菅義偉官房長官など自民党本部の人たちが広島に来て、河井案里氏ばかりを応援していたようである。自民党が2議席独占を目指した、というのは表向きのことで、河井案里氏を擁立した自民党本部の真意は、安倍氏と確執のあった溝手顕正氏を落選させることにあった、などと報じられた。

当時の私は、やっぱり私は出なくてよかった、と無邪気に思っていた。

今から思えば、これが森本氏との因縁の関係の始まりだった。このとき私が引き受けていたら、その後どうなっていただろうか……。

それからちょうど2年後、こんどは森本氏が私を排除する画策をすることになろうとは想像もしなかった。

3　2回目の立候補打診

２０１９年2月の立候補打診を断り、私は講演活動で全国を回り続けた。

講演依頼は右肩上がりに増える一方、弁護士業務の依頼は右肩下がりに減っていった。中小企業診断士を取得してから顧問先が増えていたが、講演活動を始めてからは、顧問の依頼はぱったりなくなった。

２０１９年に勤務弁護士もいなくなり、事務員も減っていき、事務所も狭くて安いところに引っ越した。

講演は２０１９年には月20件ペースとなり、２０２０年3月には全国各地で30数件の講演が入っていた。

そこにやってきたのが、コロナだった。２０２０年3月以降、コロナのため講演が中止になっていき、4月以降はすべての講演が中止となってしまった。

5月3日の憲法記念日には長野県伊那市で講演予定だったがこれも中止となったため、憲法記念日に初のオンライン講演を自分で企画したところ、全国から４００人以上も申込みをいただき、4月はその準備の事務作業に忙殺されていた。

そんな4月30日、長妻昭衆議院議員が私のツイッター（現在のX）をフォローしてきた。有名な議員さんにフォローしていただけて無邪気に喜んだが、その意味は翌日明らかになった。

●また立候補の打診

5月1日、塩村あやか参議院議員から電話がかかってきた。

「河井案里さんが辞めたら補選があるから出てみませんか？　ひとまず、選対委員長の長妻昭さんとお話をしてみませんか？」

「2022年に改選を迎える広島選挙区の柳田稔参議院議員が引退する意向という噂があるので、今回ダメでもすぐ次があるかも」

塩村氏からの立候補の話は前年につづいて2回目である。また来た。塩村氏は、2017年に広島で私を講師に招いてくださったばかりでなく、2019年に私が参議院議員会館で講演したとき（福島瑞穂参議院議員のお世話になった）にも参加者としてお越しくださった。そのうえで二度もお声かけくださった塩村氏には感謝している。

当時、次のような状況であった。

河井案里氏は2019年参院選広島選挙区で当選したが、選挙前にお金を配る買収行為をしていた疑いが報じられていた。自民党本部が提供した選挙資金は、同じ広島選挙区から立候補した溝手顕正氏には1500万円であった一方、河井案里氏にはその10倍の1億5000万円だったことも報じられていた。案里氏が買収罪で起訴され有罪判決を受け確定すれば、当選が無効となる。

これとは別に、公職選挙法の定める上限を超える報酬を車上運動員に支払っていたとして、案里氏の秘書や夫克行氏の秘書が2020年3月に起訴され、刑事裁判が進行中であった。この訴訟で禁固以上の有罪判決が出て確定すれば、案里議員をこれに「連座」させる行政訴訟を経て、案里議員の当選が無効となることが予想された。このような「連座制」を公職選挙法が定めている。

あるいは、当選無効となる前に、案里氏が自ら辞職するか。

公選法の規定により、案里氏の当選無効または辞職が9月15日までに決まれば10月25日に選挙、3月15日までに決まれば4月25日に選挙、という見通しであった。

これをふまえて、河井案里氏が辞した後の選挙に出ないか、という話である。そんな選挙のことなど考えてもいなかった。面食らいつつ、まあ話くらいなら……と述べると、翌日（5月2日）、長妻昭衆議院議員（立憲民主党選挙対策委員長＝当時）から電話をいただいた。

長妻「憲法の活動をされてきた椋さんを推す声がある。椋さんのユーチューブは拝見しました。これから緊急事態条項の改憲が行われるかもしれない。生存権も問題。選挙出てみませんか」

椋「いやー、緊急事態条項の改憲はそうすぐできるものでもないでしょうし、憲法25条から具体的な政策が出てくるわけでもありませんし……」

ユーチューブを見た、という言い方から、私の著書は読んでおられないなと感じた。「明日オンラインで講演するので、よかったらアドレスお送りしましょうか」とお聞きしたが、結構ですというご様子。

長妻「選挙って大変なイメージかもしれませんけど、我々はもう日常的にやっていて、どうにかなるものですよ」「まあ検討してみてください。わからないことがあったら何でも聞いてください」

椋「検討してみます……」

5月～6月、立憲民主党広島県連事務所で、県連や党本部の方々と2回面談した。初めての面談には、妻と一緒に臨んだ。候補者選考の面談に配偶者がついて来るのは珍しいことだったらしい。私としては、家族の命運もかかっているので、そんなにおかしなこととは思っていなかった。面談の場で、妻がいろいろフォローしてくれた。

当時、立憲民主党選挙対策委員長は長妻昭衆議院議員。同代理、江崎孝参議院議員。江崎氏が、私を説得する役回りだった。

東京の議員会館にも2回訪問し、長妻氏、江崎氏、福山哲郎氏、事務局の秋元氏と面会した。

どなたも、檻の中のライオン講演を聴いたことはない。本は読んでくださっているものかと思ったが、前年にも面談した福山氏を除き、本も読んでいないということを察した。ということは、私のことを何も知らないということだ。候補者にふさわしいのは椋さんだと説得するのに、著書も読んでいないのはどういうことかと思った。いい加減な話だ。秋元氏は、選挙の段取りは任せてもらえたら大丈夫だと言う。

●立候補の決意

断るか、引き受けるか。１か月以上、悩んだ。どんなことを考えたか……。

自分が政治家になるというのは、これまでの活動とは方向性が違う。檻の中のライオンの活動は、自分の政治的意見を主張するとか、ましてや自分が政治家になるなどという目的でやってきたのではない。法律家として、憲法とはそもそも何か？　主権者とは何をする人か？　という法的枠組みを、政治的立場の違いを超えて、すべての主権者のみなさんに伝えようとするものである。講演でも、意見が分かれる政治問題については、様々な立場の方に配慮してお話をするようにしている。この活動に政治色をつけたくはない。

『檻の中のライオン』のはしがきに、私は次のように書いている。

「憲法問題と政治問題は、次元の異なる問題です。相撲でいうと、憲法は『土俵』にあたるものです。『右』の力士と『左』の力士が相撲を取って、どちらが勝つか、これは政治問題。どちらの力士を応援するかは、人それぞれ自由です。しかし、力士は、決められた土俵の上で（憲法という枠の中で）相撲を取らなければなりません。いくら最強かつ大人気の横綱でも、土俵の形を勝手に変えることはできませんし、行司の裁きには従わなければなりません。政治的思想信条の違いを超えて、『土俵』であり『檻』である憲法の仕組みを、多くの方に知っていただきたいと願っています」

こういう方針で書いたからこそ、中学校公民資料集に大きく掲載していただいた（11頁）。私が政治的な人になったら、この資料集を採用してくださっている学校に迷惑をかけないだろうか。学校からの講演依頼も時々あるが、選挙に出たらもう学校からは呼ばれないだろう。相撲のルールの解説をする立場だった私が、力士というプレイヤーの立場になってよいのか。

面談の際、そのように悩むところであることも話した。

一方、いろいろと運命のめぐりあわせのようなものを感じた。

１年前、２０１９年参院選に立憲民主党から出ないかという話が私に来たのは、自民党が広島選挙区に河井案里氏を擁立して自民党２議席独占などと言い出したためである。その河井案里氏が当選したけど当選無効になりそうだということで、また私に立候補の話が来た。この選挙、どこまでもオレについてくる……。１年前は講演活動が大忙しでさっさと断ったが、現在はコロナのため講演の予定がすべてなくなった直後。何というタイミング。今なら可能だ。

さらに、今回はふつうの選挙ではない。大規模買収事件というルール違反が起きたがゆえの選挙である。私は、ルールを破る政治はダメ、ルール違反の政治にブレーキをかけるのは有権者の役割、ブレーキを踏むべきところでアクセルを踏んだら事故が起きますよ、とずっと言いつづけてきた。そんな私の地元広島で、大規模買収という事故が起きた。

コロナ禍となった直後というタイミングであることも、買収事件を受けた特別な選挙が私の地元広島で行われることも、1年前に断ったのに同じ選挙のことでまた来たことも。これは逃げてはいけない私の役割かもしれない。

よく考えると、私が議員になればやるべき仕事はあるかもしれない。おかしな改憲論や、安倍政権が引き起こす様々な憲法違反に対峙していくばかりではない。私が伝えようとしている「主権者って何する人?」ということは本来学校で教えなければならないことである。政治の力で、そういう学校教育の仕組みを作らなければ根本的解決にはならない。しかし、そんな問題意識を持っている議員さんはいるだろうか? 私が議員になれば、日本国憲法制定後ずっと放置されてきた、主権者教育というインフラ整備に取り組めるかもしれない。河井案里氏辞職の後の選挙は自民党との一騎打ちになるだろうから当選は厳しいかもしれないが、2022年の参院選で柳田氏が引退するという噂もある……。

妻も一緒に悩んでくれた。妻の意見は、選挙に出るなど大変なことだが、貴重なこの機会を安易に断らない方がよいのではないか、今まで頑張ってきたのだから、挑戦してみたらどうか、というものだった。

私は、清水の舞台から飛び降りる思いで「やってみます」と受諾した。2020年6月、東京の議員会館にて、長妻・江崎議員の前で。

声をかけてくる人たちは私の活動に関心がある様子ではなさそうだが、来たボールは振ってみよう。迷うなら、やってみる方を選ぼう……。

こうして立憲民主党（旧立憲民主党）は、候補者を私に決定した。ただし、国民民主党などとの調整が必要なので最終決定ではないとは言われていた。

●河井案里氏辞職まで待機

こうして立候補の話を引き受け、河井氏が辞職するまで、じっと待機することとなった。立候補のことは「誰にも言ってはいけない」と言われていた。これを忠実に守って、誰にも言わないようにした。決まっていないことでもマスコミにリークして報道させるようなやり方をするのが政治の世界だということは、後に思い知らされた（後述する）。

何か準備しておくことはありますか？　と尋ねても「ない」とのことで、河井案里氏が辞職するまでじっと待機することとなった。育てる、などという発想はないのだと知った。

弁護士業務をどうすればよいか。尋ねると、「そんなことは自分で考えて」と言われた。立候補を受諾後は、弁護士業務の依頼はすべて断った。受任すれば選挙までに終わらないから。勤務弁護士もおらず、自分で弁護士業務をやりながら選挙をやるわけにはいかないだろう。すでに受任している事件を他の弁護士に交代してもらい、終わりそうな案件は片付けていった。

こうして仕事を調整して長期間待機するのは大変なことであるが、残念ながら、立憲民主党の方々はそんなことは何とも思っていないと思う。

広島での面談の際、「河井案里氏が辞職するまでは表立って動けないが、立憲民主党広島県連のみなさんが檻の中のライオン講演を主催してくだされば今からでも知名度を上げていくことができます、実行委員会などの名義で主催する方法もあります」などと話し、そうですね、といった反応をする方もおられたが、最後までそのような話はなかった。

コロナのため講演もなく、弁護士業務もしないようにして、空いた時間で何をしていたか。新刊『檻を壊すライオン』（2020年10月刊行）の執筆をしていたのだった。

檻の中のライオン講演で紹介する時事問題がどんどん増えていたので、河井事件も含めて安倍政権下の憲法問題をこの機会にひととおり整理する本を、選挙までに刊行したいと考えた。河井夫妻の大買収事件は、河井夫妻の個人的資質でたまたま起こったのではなく、ルール違反お構いなしの緩み切った政治、それを黙認する有権者の投票行動の延長線上に起こったのだと、広島県民にお伝えできればという思いを込めた。

5月下旬から10月初めまで、黙々と本の執筆、制作に集中した。なんとなく知っている時事問題でも、きちんと文章にして書籍にするには、様々な記事にあたって裏付けをとらなければならない。憲法の最新文献も大量に購入して読み漁った。憲法問題が多すぎて、執筆しながら、あれもあった、これもあった、と書くことが増え、走れば走るほどゴールが遠ざかっていく。とても大変だった。

広島での面談の際、「本を書き始めたので、原稿に目を通されますか？」と尋ねたが、そんなことはしないという返事だった。候補者の著書に目を通さないようなことで大丈夫なのかと心配になった。立候補予定者のことを調べたりはせず、候補者に丸投げでやるのだと知った。

新刊を執筆中の８月３日、党本部から連絡があり、枝野代表、福山幹事長と東京で面談する日を調整したいとのことであった。が、ちょうどコロナ第２波の時期であり、時期を見計らっているうちに、立憲民主党と国民民主党が合流することになったりして、この話は結局立ち消えになってしまった。ここで枝野氏に会ってお話ができていれば、後の展開が違っていたかもしれない。悔やまれるところである。枝野氏に会うのは翌年のこととなる。

●立憲民主党と国民民主党が合流

９月半ば、立憲民主党と国民民主党が合流し、新・立憲民主党となった。

広島県の新・立憲民主党の国会議員は、森本真治参議院議員（旧国民民主党）、佐藤公治衆議院議員（無所属で旧国民民主党の会派）の２人。

党本部は、代表は枝野幸男氏で変わらないが、選挙対策委員長は長妻昭氏（旧立憲民主党）から平野博文衆議院議員（旧国民民主党）に交代した。私が最初に話をした長妻氏は外れてしまった。

ここでのキーパーソンは森本参議院議員（広島選出）であり、次に述べることがこの物語の大きなポイントである。

参議院広島県選挙区は、２人区である。１回の選挙で２人が当選する。この選挙区で２０１９年に当選した現職２人が、森本氏と河井氏である。この河井案里氏が買収事件を起こしたため、河井氏のいわば後任を選ぶわけである。

この選挙で野党の候補者が当選すると、森本氏とともに2議席を野党が独占することになる。その状態で２０２５年の改選を迎えたとき、野党の現職２人が2人とも当選することは難しい。２議席独占など２０１９年の自民党もできなかったことである。通常、２人区は与野党が1議席ずつ分け合う波風の立たない選挙区であり、１議席を自民党が取ることは確実である。

そうすると、２０２５年の参院選では、新人野党議員と森本氏と、いずれか一方が議席を譲らなければならない。

現職の森本氏としては、この選挙で野党候補が当選すると、次の選挙で自分が議席を譲らなければならなくなるかもしれない。逆に、自民党の候補が当選した方が、自分の立場が安定する。党の立場と自分個人の立場とが相矛盾し、この選挙の候補者選考に関して利害関係者という立場にあった。

10月、新立憲民主党広島県連の体制が発表され、この森本参議院議員が、県連代表代行・選挙対策委員長に就任した。県連代表は佐藤衆議院議員。幹事長には福知基弘県議。三人とも旧国民民主党側で占められた。旧立憲民主党から打診を受けて引き受けていた私にとっては、この時点で雲行きが怪しくなっていたということかもしれないが、私はただ待つしかない。

『檻を壊すライオン　時事問題で学ぶ憲法』（かもがわ出版）

●『檻を壊すライオン』刊行

10月15日、刷り上がった『檻を壊すライオン　時事問題で学ぶ憲法』が、かもがわ出版から届いた（本の奥付は11月1日付）。４か月以上苦悶しながら仕上げた作品との初対面に感慨ひとしおであった。安倍政権を振り返るだけで憲法全体を見渡せる、という本になった。

出版社から、野党各党の党首に1冊ずつお送りした。

10月に刊行したのには理由がある。河井氏が9月15日までに辞職すれば選挙は10月25日に行われることになるので、仮にそうなっても選挙に間に合うようにと考えたのだった。もしかすると秋に衆議院解散総選挙があるかも？　ということもあった。

10月までに刊行しようと仕上げにかかっていた8月下旬、安倍首相が総理大臣を辞任すると表明した。そのため、安倍政権が始まってから終わるまでの全憲法問題を整理したという体裁の本となった。安倍政権が終わったところで区切ったのは偶然のことで、10月25日に行われるかもしれない選挙に合わせて本を作ったのだった。

河井案里氏は9月15日までに辞職しなかった。そのため、選挙は10月には行われず早くても翌年4月となったが、本はそのまま刊行することとなった。もう少し刊行が先延ばしになっていたら、菅義偉首相の日本学術会議任命拒問題も盛り込まなければ……とさらに区切りがつかなくなっていたところだった。

ちなみに、巻末の著者プロフィールには、出身町名・高校名、弁護士として取り扱ってきた案件のことや、中小企業診断士資格を取得したこと、さらには広島弁護士会将棋部部長という趣味のことまで、いろいろ書いている。選挙を意識してのことである。

10月23日、江崎孝参議院議員と党本部事務局の方が、私の事務所を訪問された。「決意に変わりはないか？」などと意向確認。これから旧国民民主党側に私のことを伝える、とのことだった。

ここで、できたての『檻を壊すライオン』を二人に進呈した。江崎氏は『檻の中のライオン』も未読とのことで、これも進呈した。江崎氏、長妻氏らが『檻の中のライオン』を読んでいないことは察していたが、まだ読んでおられなかった。

その後、江崎氏から、佐藤氏に早く椋に会うよう伝えたと連絡をいただいた。が、その後は誰からも連絡がないまま、時が過ぎてゆく。

11月はコロナが落ち着いて、講演ツアーをいくつか。

12月から、ユーチューブにアップするための「10代のための『檻の中のライオン』憲法講座」の収録を開始した。何度も取り直しては丁寧に編集作業を行い、丸2か月かけて2月11日に完成した（QRコード下）。選挙前に広島県民に見ていただくばかりでなく、今後何十年でも全国のみなさんに見続けていただけるものを、という思いで苦心した甲斐あって、この動画の再生数は現在も順調に伸び続け、檻の中のライオンチャンネルで再生数ナンバーワン動画となっている。

ユーチューブ動画制作中の1月21日、河井案里氏有罪、との一審判決が出た。

これを受けて、1月27日に福知基弘県議から連絡があり、翌28日、立憲民主党広島県連事務所で福知県議と二人で面談した。

福知県議とは2013年から面識がある。私がそのころ在籍していたライオンズクラブで一緒だった。高校の先輩でもある。様々な集まりで顔を合わせたことがある。広島で枝野氏や蓮舫氏の演説を聞きに行ったときにも福知氏がおられた。何かとお会いすることが多かった。広島は狭いものだ。

そんな福知県議と、お久しぶりですという感じでお会いし、立候補の意思を確認された。そのつもりで待機してきて、選挙に備えて弁護士業務の依頼もずっと断っていることも話した。選挙にお金がかかるが、お金はあるか？　という話もされた。高校の先輩であるので、雑談で高校の話なども。

こんなやりとりもあった。

椋「自分が出たいってフェイスブックに書いてる人がいますが」
福知「ああ、〇〇？　メッセージ来てるけど無視してる」
ダメならダメと返事をすれば、それを前提に今後のことを考えることができるのに、返事もしないようだった。この時点では、後に私も同じような扱われ方をするとは思っていなかった。
最後に福知県議から、佐藤公治氏と森本真治氏はほかに推したい人がいるようだと言われた。

●いざ選挙……？

河井案里氏は控訴するのだろう、選挙は10月になるだろう、と私は思っていた。が、２月３日、河井案里氏は控訴せず議員を辞職すると表明した。これにより、選挙は４月25日と決定した。

いよいよ出番だ、と奮い立つ。しかし、その後も立憲民主党から連絡がない。

新立憲民主党広島県連で、候補者選考委員会がつくられたようであった。委員は次の五人。

・佐藤公治衆議院議員（県連代表）
・森本真治参議院議員（県連代表代行・同選挙対策委員長）
・福知基弘県議（県連幹事長）
・的場豊県議
・若林新三広島市議

旧立憲民主党側は、的場県議と若林市議の二人である。的場県議は、２０１７年に福山市で檻の中のライオン講演を聴いてくださり、２０２０年5～6月の広島県連での面談の席にもおられた方で、私との連絡係であった。

2月中旬になっても連絡がないので、私は選ばれない方向なのだろうと察し、私から的場県議に電話し、「佐藤氏、森本氏とまだ面談もしていませんが大丈夫でしょうか？ 会いもせずに断られたらとても残念」と伝えた。『檻を壊すライオン』を読んだか尋ねると、全員読んでいないとのことだったので、人数分を県連事務所に届けた。『檻の中のライオン』も読んでないのではないかという気がしたので併せて届けた。

2月16日、某新聞の記者から「お伺いしたいことがある」とメッセージが来た。無視していたら翌日電話がかかってきた。「再選挙に椋さんが立候補予定と聞いているので取材したい」とのこと。広島は狭いもので、この記者も以前から面識があった。「誰にも言ってはいけない」と言われていたのを忠実に守ってきたので、「いやいやそんなことありませんよ」などとごまかしたが、もう確証を得ているようで、ごまかしは効かない様子。やむなく取材に応じることにした。

翌17日、記者が私の事務所を訪問。「まだ書いてはいけないようですので」と念押ししたうえで、洗いざらいお話しした。「ほかの人を考えている人がいるようだが、次の選挙で競合する立場の森本氏が選ぶ人では（自分のための人選になるから）ダメですよね」と話した。

その後も、テレビ1社、新聞2社の記者から連絡が来て、計4社からの取材に応じた。いずれも私がスタンバイしていることをなぜか知っていた。いずれも、「まだ書かないで」と言えば書かないでくださった。

記者さんたちから、連日「今日は何か動きはあったか?」などと電話があった。「いえ何もないんですよ。どうなっているんでしょうね。」などと話すと、同情してくださる記者さんもおられた。

2月16日、自民党は経済産業省職員の西田英範氏を候補者に内定した、との報道。自民党はもう走り出しているのに、こちらはまだ連絡もない。大丈夫なのか。

●広島での面接

2月18日、私への連絡係であった的場県議から電話があり、「広島で選考委員会5人と秘密裏に非公式に面談したい」とのことだった。

そして、初めての面接を行う前日、2月19日の夜のことである。共同通信がネットニュースを流した。「**郷原信郎弁護士の擁立論が浮上している**」と。

面接の当日である翌20日早朝には、時事通信がネットで「**新人で元検事の郷原信郎弁護士を擁立する方向で最終調整に入った**」と報じた。

同日、中国新聞も「弁護士の郷原信郎氏が浮上している」と報じた。

郷原信郎弁護士が浮上？　最終調整⁇　なんだそれは。まったくの初耳である。今から初めての面接に向かおうとするところなのに一体どういうことか。やはり他の人に浮気していたのか。

憤りやら失望やらの一方で、こんなことも思った。森本氏は自分の身を顧みず本気なんだな、と。郷原弁護士は様々なメディアにも登場され知名度も実績も抜群、検察官として公職選挙法違反事件の捜査に携わられたこともあって河井事件についても発信され、私も郷原弁護士の記事で勉強させていただいていた。２０２５年の参院選で森本氏と競合してしまうのに、そんな大物弁護士を擁立するなら、私など出る幕ではないな……。面接に出かけるまでの間、妻としみじみ話し合った。ああ、ダメだったね……。だから連絡来なかったんだね……。郷原先生ならすごい人だから仕方ないね……と。

しかしながら、初めて面談する直前に、ほかの人に決定、という報道が流れるのはどういうことか。誰がリークしたのか。私なりに憶測はしてはみるものの、確かなことはわからない。

こうして、自分は選ばれないことを報道で知らされた日の午後6時から、広島市内某所にて、選考委員5人との初めての面談に臨んだのだった。

５人の選考委員のうち、若林市議以外、以前から面識がある。

佐藤衆議院議員は、２０１５年12月に私の講演に参加されたとき以来二度目。

森本参議院議員は、檻の中のライオン講演を聴かれたことはないが、お会いしたことがある。集団的自衛権を容認する安保法案を審議中だった２０１５年7月、広島弁護士会平和憲法委員会の委員が分担して広島選出の国会議員を訪問し、安保法案は憲法違反だから止めてください、と要望しに行くこととなった。私が担当したのは、自民党の寺田稔衆議院議員（広島5区）と、民主党の森本参議院議員の2人だった。数人の弁護士で森本氏の事務所を訪問し、その直後に私はフェイスブックで森本氏に友達申請をして承認していただいた。私が森本氏の担当となったことはたまたまのことである。森本氏とは、なぜか様々なご縁がある。

福知県議、的場県議については前述した。

まず、森本氏が面接の場に座っていること自体について、強く不満に思っていた。森本氏は、野党側が勝てば次の改選のとき自分と競合してしまう、自民党が勝った方が自分の立場が安泰、という利害関係者である（27頁）。利害関係者が判断する手続は不公正である。党のためでなく自分個人のための人選をしてしまいかねない。訴訟なら、裁判官が一方当事者と利害関係があったら、ほかの裁判官に交代させる手続が民事訴訟法や刑事訴訟法に定められている。会社の取締役会では、議決内容に利害関係のある取締役には議決権がない、と会社法に定められている。森本氏はどのような認識でここに座っているのか、答えられないなら退席すべきだ、とよほど言いたかった。が、面接を受ける立場であるので、何も言わずに我慢した。

「郷原信郎弁護士を擁立で最終調整」という報道の直後であるから、郷原氏について当然説明があると思ったら何もなく、冒頭「では椋さんお話をどうぞ」というような振り方。どういう状況なのかわからず混乱した心境で、次のような話をした。

この選挙は、大規模買収事件で当選が無効となって、広島県民だけ選挙をやり直す、という「再選挙」である。だから、なぜ広島だけ選挙をやり直さないといけなくなったのか、何をどう間違えて河井夫妻を国会に送り出してしまったのか、これまでの安倍政権や有権者の投票行動を振り返ってみなければならない選挙である。だから、これまでの安倍政治を振り返る『檻を壊すライオン』という本を書いて準備していた。

溝手氏には1500万円なのに、河井案里氏には1億5000万円という巨額の選挙資金を提供し、河井案里氏ばかりを応援したのは自民党本部である。河井夫妻が個人的に起こした事件ではなく、安倍政権の体質が招いたのが大規模買収事件である。

権力を握ればルールなどお構いなし、権力が法より上にいるかのようなやり方で、お友だちを優遇し楯突く者は冷遇し、都合の悪いことは隠ぺいし、民主主義を壊していく。このような政治がずっと行われてきて、河井事件もこれに連なる一連の出来事の一つである。

有権者も、そういう政治を追認しつづけてきた。有権者がブレーキをかけるべきところでアクセルを踏み続けたら事故が起きる、と私は500回も重ねてきた講演で繰り返し話してきた。何かとんでもないことが起きるのではないかという危機感があったから、私は弁護士業務もなげうって本を出したり講演したりしてきた。安倍氏や菅氏が肩入れした河井案里氏を当選させてしまった広島県民が、これまでの政治や投票行動を振り返り、今度こそ安倍政治にブレーキをかけなければならない。

買収事件を「点」でとらえず、さまざまな一連のルール違反の政治が「線」で連なった先に起こった出来事、ととらえないと、汚いことをした河井氏が辞職したからクリーンになりました、で問題が解決するかのようになってしまう。

私の講演で、憲法というルールを守らないといけないのは誰か？　と問うと「国民みんな」という答えが返ってくることが多い。ルールを守らなければならないのは政治家の側で、政治家のルール違反を取り締まり、ルールを守らせるが有権者。有権者が無関心でいると、ルール違反の政治がまかり通ってしまう。が、こういう関係にあることを知らない人が多い。学校で教えていないから。この関係を知るだけで、政治の見方、関わり方が変わってくるのではないか。私がこれまで一貫して伝えようとしてきたことであり、これを知っていただく絶好の機会である。買収事件による再選挙という特殊な選挙だからこそ、ルールを守る政治、ルールを守らせようとする投票行動、つまり立憲主義について正面から訴えることができる。そういう活動を全力でやってきた私なら、この選挙のお役に立てるはず。檻とライオンという伝わりやすいツールもある。

このような再選挙の意義を有権者に理解していただけたら、今まで自民党に投票してきたのは良くなかったな、野党の方に入れなければ、と思っていただけるのではないか。そして、全国が注目するこの選挙で立憲主義をしっかり伝えることできれば、近々行われる衆院選でも生きてくるはず。後につながっていくはず。

と熱く語っていたら、話が長すぎたのか、佐藤氏から途中で遮られた。

で、委員からの質問。

森本氏から２つ。

まず、９条改憲について。

檻の中のライオンの本や講演は、意見が分かれる政治問題について自分の意見を書かない、言わない、という方針でやってきました。自民党の９条改憲案は非立憲的で賛成できませんが、９条を変えないのがよいのか、立憲的な方向に改憲するのがよいのか、については明言は避けてきまして、どちらも考えられます、という感じ。

次に、有権者から、「わしらのために何してくれるん？」と聞かれたらどう答えますか、という質問。

「わしらとは？　広島県民ですか？」と聞き返すと、「広島県民です」と。

次のように答えた。

「国会議員は全国民の代表（憲法43条）であって、選挙区民の代表ではありません。広島県民のために仕事をするのは広島県議会議員であって、国会議員は広島選出であっても広島県民のために仕事をするのではなく全国民のために仕事をしなければなりません。有権者がそういう感じだから、自分にお金をくれる人に投票するとかいうことも起きるのではないでしょうか」

前々からそういう有権者の意識も問題だと思っていたので、間髪を入れず自説を述べた。

もともと森本氏がそこに座っていること自体を不満に思っていたうえに、立候補者は郷原弁護士に決定していて自分はもう選ばれないと思っていたところへそんな質問をされたので、バッサリ斬った。面接官を斬ったら落とされるに決まっているが、すでに落とされると決まっているので、いつも思っていたことを率直に述べた。有権者からそう聞かれたと仮定した場合の答え方というより、森本氏に対して解説をしてしまった。

佐藤氏からの質問は、憲法とは何か、というような、私にとっては答えやすい質問だった。

郷原氏の報道について説明があるのかと思っていたが、最後まで何も言われなかったため、最後にこちらから尋ねたところ、佐藤氏「それについては何も言えない」とのことであった。すでに報道されているのに、何も言えないとはどういうことだろうか。

『檻の中のライオン』『檻を壊すライオン』を全員分お渡ししているはずだが、それについても何も言及はなかった。ということは、読んでいない、興味がない、のかもしれない。『檻を壊すライオン』は、この選挙を意識して書き上げた本なのだが。

郷原弁護士の立候補の話は、２０２１年になってから出てきたようである。党本部の福山哲郎幹事長は旧立憲民主党時代から幹事長であり、２０２０年5~6月の時点で私と面談し、その後私がずっと待機していることを知っている。それなのに、郷原氏に対して、梯が前からスタンバイしていることを伝えなかったのだろうか。私にも郷原氏のことを伝えず、都合よく二股をかけて両方キープしておいたのだろうか。浮気された私が力不足だった、ということはあるだろうが、私に声をかけて引き受けさせておきながら、黙って他の人に乗り換えるのは、あまりに不誠実ではないだろうか。

時事通信が「郷原弁護士を擁立の方向で最終調整」と報じたものの、郷原氏は立候補の意向を明言しない態度を続け、時事通信の報道はフライング的なものだったようだ。

なぜ、こんな報道が出たのか。誰がリークしたのか。いろいろと憶測してみるところである。

この報道の後は「郷原氏を含む3人」が候補者だという報じられ方となった。第1候補は私だったはずが、郷原氏が本命のような報道が続いた。

佐藤公治氏は、誰を推していたのだろう。佐藤氏と森本氏の人間関係、権力関係はどのようなものか。

候補者選考の場は、「選挙で勝てる候補者か」「議員として国民のために仕事ができるか」を審査するというより、現職議員同士が権力闘争をやっているだけだったりしないだろうか。河井案里氏を擁立して溝手顕正氏にぶつけた自民党もそうだっただろう。

様々な記者から電話を受けていたが、広島で面談が行われたことは、どの記者も知らない様子だった。

その後も立憲民主党からは情報は与えられず、報道や、取材してくる記者さんから情報を得ていた。

このころ、東京の私立小学校から、3月にオンライン講演を、という依頼が来た。なんという間の悪いことだ。立候補予定者になるとご迷惑をおかけするのでお断りするしかなく、残念だった。

2月下旬、広島県内の私立高校からも、3月25日に檻の中のライオン講演を、と依頼が来た。本当に、なんという間の悪いことだ。申し訳ありませんが今すぐ返事ができないのです、もう少し待てばお受けできるようになるかもしれません、と待っていただくことにした。2月

28日までに候補者が決まる予定、という報道が流れていたので、2月28日まで待っていただいたが、28日には決まらなかった。さらに数日待っていただいたが、やはり決まらなかった。「○日までに決める」などというのも、おそらくいい加減に言っているだけなのだろう。やむなく、私がほかの弁護士を探して交代してもらった。そんな急な依頼を引き受ける弁護士はなかなかいなくて大変だった。その10日ほど後に、私は候補者に選ばれないことが決まり、結果的に私が引き受けられることになったが、すでに交代を依頼済みのためそのまま交代してもらうしかなく、残念であった。

このように、候補者選考がズルズルと長引いたため、私は学校での講演依頼を2件も断ったのだった。そんなことがあったなど、立憲民主党の人たちはまったく知らないし、興味もないことだろう。宙ぶらりんのまま長期間待たされれば誰しもこのようなことがあるだろうが、立憲民主党の人たちはそのようなことはまったく気にかけていないと思う。

3月4日、郷原弁護士が広島弁護士会館で記者会見を行った。広島弁護士会館であるし、私も行きたかったが、息を殺して待っていたので自粛した。郷原氏は、河井氏からお金を受け取った議員たちが自民党の選挙の会合に顔を出していておかしいと指摘し、自身の出馬には言及しなかった、との報道があった。

このころ、待っているだけで何もできない私は、檻の中のライオンのイラストを使って、憲法の概略、安倍政権下の様々な事例、今回の選挙の意義までをA４の紙１枚で説明したものを作成してみた（47頁）。

●東京での面接

３月９日、郷原弁護士がオンラインで記者会見し、不出馬を表明した。私もオンラインで見ていた。

郷原弁護士は、河井氏からお金を受け取った地方議員らが選挙を手伝おうとしている、そんな不公正な選挙に自分が出るわけにはいかない、ということを言っていた。

しかし、そういうおかしな政治を止めるために誰かが出ないといけないのだから、釈然としない理由付けである。

記者会見が終わるや否やすぐ、的場県議から電話がかかってきた。「明日、東京へ行って枝野氏らと面談してほしい」と。

その後は、私への連絡係は森本氏となった。

３月10日午後９時、東京の某所で、と指定され、枝野幸男代表、福山哲郎幹事長、佐藤公治氏、森本氏と面談した。枝野氏とは初対面である。

憲法がわかる「檻の中のライオン」のおはなし
国家権力＝ライオン　憲法＝檻

私たちはみんな、人間らしく生きたいですね。

そのためには、強い力で仕切ってくれる**国家権力**が必要です。国家権力は、**「みんなのため」**に使われれば、みんなを幸せにすることができます。

※国家権力＝強くて頼りになる「百獣の王ライオン」

しかし、権力者（政治家）は、権力を**「自分のため」「お友だちのため」**に使ってしまいがちです（権力の濫用）。

そこで、**憲法**というルールの枠の中で権力を使ってもらいます（**立憲主義**）。**※憲法＝檻**

私たちのための檻とライオンです。私たちが、檻を作り（**国民主権**）、ライオン（政治家）を選びます（**民主主義**）。

檻があるので、私たちはライオンの顔色を気にせず自由にやりたいことができます（**自由権**）。ライオン（政治家）を批判しても噛みつかれません（**表現の自由**）。

ライオンが檻を壊していたら（政治権力がルール違反をしたら）、**私たちがブレーキをかけないと**、誰かが噛みつかれるかもしれません。

私たち一人ひとりが、**政治の動きや憲法を知る→自分の頭で考える→投票など行動する**、努力をしていきましょう。

日本国憲法 99 条　天皇又は摂政及び国務大臣、国会議員、裁判官その他の公務員は、**この憲法を尊重し擁護する義務**を負ふ。

憲法を守らなければならないのは政治家、守らせるのが私たちです。

最近の政治は「檻を壊すライオン」

●「檻をやわらかいのに取り換えてくれ」

2013 年参院選では、改憲手続の緩和が選挙の争点に。檻をやわらかくするなんて、檻こわす気？とツッコむべきところでした。

●檻にカーテンをつけ、都合の悪いことは隠す

特定秘密保護法（2013 年、全弁護士会が**「憲法違反」**と指摘）、公文書の改ざん・隠ぺい（自衛隊日報・森友・加計・桜を見る会）等々・・・

民主主義を壊す動きです。

●檻を壊す

集団的自衛権を容認する安保法制（2015 年）も、全弁護士会が**「憲法違反」**と指摘。

臨時国会を開かない（憲法 53 条違反）事件は 3 回も（2015、2017、2020 年）。

●檻から出て、お友だち優遇、嫌いな人には噛みつく

国有地を格安に（森友問題）、獣医学部やっていいよ（加計問題）、ごちそうする（桜を見る会）、法律に反して黒川検事長だけ定年延長。

えこひいき、公私混同です。

●そして、河井事件

有権者は、権力が法を侵す一連の動きにブレーキをかけようとしませんでした。**ブレーキを踏むところでアクセルを踏んだら事故が起きます。**

溝手氏より河井案里氏をえこひいきし、民主主義を壊す買収事件が起きたのは、一貫した政権の体質（檻を壊すライオン）、それを黙認してきた有権者の責任です。

詳しくは書籍で！

『檻の中のライオン　憲法がわかる 46 のおはなし』
『檻を壊すライオン　時事問題で学ぶ憲法』（楾 大樹 著）
YouTube 楾大樹（はんどうたいき）チャンネルもどうぞ。

Ａ４サイズ一枚でまとめた選挙用チラシ

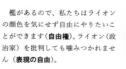

ここでもまず、「何かお話をどうぞ」という振り方だった。

私は、自作のチラシ（47頁）をみなさんに配ったうえで、広島での面接と同じ話（38頁）をした。

「今回の選挙は買収事件を受けたやり直しの選挙で、なぜ選挙をやり直すことになったのか、それ自体が選挙のテーマ。憲法違反ばかりの安倍政治の延長線上に起きたのが河井事件。法を破る政治に有権者がブレーキをかけられるか、立憲主義が正面から問われる選挙なので、私がこれまでやってきた活動が生かせるはず。全国から注目されるこの選挙でそれをやっておけば、近々ある衆院選にもつながるはず」と。広島では途中で遮られたので、広島より簡潔に切り上げた。

これに対して、枝野氏は次のように述べた。「それはそのとおりだけれども、憲法では選挙に勝てない。立憲主義を訴えて勝つなんて、あと15年かかる。今はコロナが問題で、有権者もそこに関心があるから、3分の1くらいはコロナの話をした方がよい」

福山氏も、私の話に「それはそのとおりだけど」と理解を示す様子を見せつつも、枝野氏の意見に同調していた。

私はズッコケた。

通常の選挙であれば立憲主義なんて訴えても票にならないというのはそのとおりだろうが、この選挙は、広島だけ選挙をやり直すという特殊な選挙である。「これまでの安倍政治を振り返り、なぜ選挙をやり直すことになったかを有権者に考えていただく」という私の見解は受け入れていただけず、難しいことをわかりやすく広げようとする私の活動にもあまり興味がなさそうで、とても残念だった。

これまでの安倍政治を振り返れるように『檻を壊すライオン』という本まで書いて準備していたのだが……。

コロナの話もトピックかもしれないが、それでは自民党が立ててきた経産官僚と差別化が難しくなるのではないか。広島では毎回自民党が勝っており、自民党の票を奪わないと勝てない選挙なのに、そんな戦い方でよいのか。立憲主義が正面からテーマとなる選挙で、立憲主義を正面から掲げないなんて、何が「立憲民主党」か。

「15年かかる」と言われたが、その数字はどういう根拠で出てくるのか。またお会いすることがあれば聞いてみたい。こんなことでは「15年」どころか永久に負け続けることだろう。野党第一党の党首がこれでは、自民党は安泰だなと思った。

憲法の活動をずっとやってきた私に出馬要請をして待機させ、その間に選挙の戦い方などについて協議などする時間はたっぷりあったのにそれもなく、選挙の直前になって「憲法の話などするな」というのはどういうことか。みんなそれぞれバラバラに動いていて、旧立憲民主党時代から代表だった枝野氏もよく把握しておらず、組織としての体をなしていないように見えた。

枝野氏は私の活動のことにはあまり興味がなさそうに見えた。弁護士がする憲法の話なんて、難しい話なんでしょ、一般の人にはウケないでしょ、というような。

枝野氏は次のようなことも述べた。

「自分も弁護士だが、弁護士出身議員は難しい理屈ばかり言う傾向がある。しかし、政治の世界は、理屈に合わない理不尽なことに耐えなければならない。たとえば、有権者から『この道路をどうにかしてくれ』と言われたときに、『これは市の道路だから市に言うように』という対応ではいけない。椋さんを見ていると20年前の自分を見るようだ」

市の道路のことは国会議員ではなく市に言うようにという対応ではダメだ、と脈絡なく言われて、ピンときた。森本氏が、広島での面接の内容をふまえて、椋は「国会議員は全国民の代表であって選挙区民の代表ではない」などと理屈っぽいことを言っていたからダメだ、と枝野氏に話したのだろうと感じた。

枝野氏は弁護士なのに、利害関係者が関与することついて、何とも思わなかったのだろうか。

福山氏から、「前回は断ったのに今回はなぜ？」というような言い方をされて、ドギマギした。前回の話（14頁）を森本氏の前でして大丈夫？　森本氏はその話をもう知っているから隠す必要はなかったということだろうか？　知らなかったとしたら、森本氏は何か察しただろうか？

講演活動をどんなふうにやっているのか？　ということも聞かれた。インターネットで検索すればたくさん出てくるのだが、そういうこともしていないのかもしれない。

福山氏は、私が作ったチラシ（47頁）に目を通し「これおもしろいね、使ってみたい」と述べ、理解があるような様子だった。

そのほか、私の家族構成や、出身高校や大学のことなど。

広島で福知県議と面談した際には選挙のお金の話をされたが、ここではそんな話はなかった。選挙について具体的な話は何もなかった。

はいここまでです、ご退席を、という感じで終了し、あれ、もう終わり？　と拍子抜けする感じだった。

『檻の中のライオン』『檻を壊すライオン』『けんぽう絵本おりとライオン』を数冊持参して、持っておられなかったら差し上げようと思っていたのだが、はいご退席を、と終了してしまい、本を渡すのを忘れたまま部屋を出てしまった。廊下で思い出して、ついてきた森本氏に本を渡した。

一泊して、翌11日午前11時、東京で平野博文選対委員長（衆議院議員）と面談した。ここにも、佐藤氏、森本氏がついてきた。

平野氏は、私のことを本当に何も知らない様子で、アンタ誰や？ みたいな感じだった。私がひと通り話したあと、平野氏から質問。すべての質問がトンチンカンだった。

平野「憲法言われてもよーわからんわ。人権ちゅうのはどういうもの？」

椋（回答）

平野「人間らしく生きていくってどういうこと？」

椋「憲法に様々な人権規定があり云々……」

平野「えーと、人権ちゅうのはどういうことやったかな」

椋（さっき答えたけどまた回答）

平野「憲法が問題て、どこが問題なんかな」

椋「全域にわたってたくさん問題がありまして……」

平野「て言われてもわからんわ」

椋「この本（檻を壊すライオン）に事細かく書いており云々……」
平野「戸籍制度は平等じゃないと思うけどどうですか」
椋「えーと、何と何が不平等でしょうか？」
平野（ごちゃごちゃごちゃごちゃごちゃ）
平野「はい、以上でおわりです。ご退席を」
椋「えっ、あっ、そ、そうですか」

以上。

平野氏は、野田内閣で文科大臣だったようだが、この人が文科大臣になるようでは全然ダメだと思った。もしかして、有権者がおかしな質問をしてきても嫌な顔をせずに感じよく対応できるかをテストした？　という可能性も考えなくはないが、たぶんそうではないと思う。椋は選ばないと決まっているから、と事前に言われていたのだろうか。そんな様子に見えた。

佐藤氏から、「もし選ばれなくても選挙を手伝ってほしい」と言われた。出来ることはさせていただきます」とオトナの対応をした。

面接前から私を落とすことが決まっていたように感じながら、その日、広島に帰った。

広島の自宅に帰った夜、テレビ局の記者から電話がかかってきた。

記者「椋さん、今日東京に行ってきたそうですね」
椋「な、なんで知ってるんですか」

本当に、なぜ知っているのだろう。ほか2社の記者からも電話があったが、東京に行ってきたことは知らない様子だった。

●「宮口治子氏を擁立」

東京から広島の自宅に帰って一夜明けた、3月12日早朝。中国新聞がネットでニュースを流した。

「フリーアナウンサー宮口治子氏を擁立の方向」

ぜんぜん聞かされていないことを報道で知る、というのは「郷原弁護士を擁立」の報道のときと同じである。

「宮口治子」という名前も初耳だった。誰？

署名入りの記事だが、それまで私にたびたび取材してきた記者の名前ではなかった。

報道の1時間後くらいに、佐藤氏から電話がかかってきた。

「報道が先走って申し訳ない。まだ決まっていない。もう少し待ってほしい。なぜこんな報道が出たのかわからない。福山氏も怒っている」

中国新聞の記者は、たびたび私に電話をかけてきていたが、中国新聞からの電話は、私が東京へ行く前日の３月９日が最後だった。中国新聞以外の３社からは、11日の夜までたびたび電話があった。他社が取材を続ける中、中国新聞は、私には取材することなく、記事を出したのだった。

面接初日の３月10日あたりで、私ではなく宮口氏が選ばれることは事実上決まっていて、中国新聞だけはそれを知っていた、ということかもしれない。たしかに、初日（午後９時から面接）も２日目も、すでに落とされることが決まっているような雰囲気の面接だった。

面接は、マスコミには気づかれないような某所で行われた。密室の面接の場にいた誰かが、リークしたということである。誰がリークしたのか。さすがに、私に電話をかけてきた佐藤氏ではないだろう。「怒っている」という福山氏でもないだろう。枝野代表自らリークするだろうか。あんな様子の平野氏がリークするだろうか。県議や市議ではないだろう。

何が本当かはわからない。

佐藤氏は「まだ決まっていないのに報道が先走った」と私に謝った。すでに事実上決まっているのに、私にウソを言って取り繕ったのか？

そうではなく、佐藤氏の「まだ決まっていない」というのが本当のことで、まだ話し合う余地がある状態であったのに、宮口氏に決定したかのようにリークして報道させたのか？　もしそうであれば、自分の思い通りにするために報道を利用して既成事実を作ろうとしたということか。あと数日待てば正式に決定するところだろうに。「郷原弁護士を擁立」とリークされたから、やり返したのだろうか。

様々に憶測してみるところである。

同じ日の夕刻には、他紙も追従し「宮口治子氏擁立へ」というネット記事を流した。

翌3月13日、佐藤氏と的場県議が私の事務所を訪問した。菓子折り持参であった。妻と二人で応対した。

佐藤「申し訳ない、今回はご縁がなかった」

すぐに帰りたそうにカバンやコートに手をかけている佐藤氏に、妻と私が話をつなぐ。

妻「今回は買収事件がテーマで、棕ならわかりやすく追及できると思うのですが、なぜダメだったのでしょうか」

佐藤「理由は言えない。一つ言えるのは、同じ日に補選がある札幌（吉川貴盛氏が広島の鶏卵会社からの収賄で辞職）、長野（羽田雄一郎氏がコロナで死去）では男性候補者なので、広島は女性にしたいということです」「宮口さんは、女性で、シングルマザーで、障害のあるお子様を育てこられた方です」

男性だからダメ、という言い方には違和感を持った。そんな理由は体の良い方便で、森本氏が選んだからでしょ、と言いたいのはガマンして、それ以上は追及しなかった。

この機会に私の問題意識を議員の方に知っていただきたいと思い、「主権者教育の仕組みができていない、権力を持つと国民が無関心な方が都合がよいだろうから、野党の議員が問題意識を持ってがんばってほしい」と要望した。

妻も「椋の活動のことを多くの人に知っていただきたいので、どこかで講演する機会を与えていただきたい」と要望した。

私が「今回のことをフェイスブックに書いていいか?」と尋ねると、「書いてもいいが、何で椋を選ばないのか！　という声が上がって宮口氏の妨げにならないようにフォローしてほしい」とのことであった。

3月14日、宮口氏に正式決定。

3月15日、長妻昭氏と江崎孝氏が、菓子折り持参で私の事務所を訪問。妻と二人で応対した。

一応、謝罪の言葉を述べられた。

すぐに帰りたそうにするのを、妻と二人で話をつないで引き止める。

長妻氏に、こういう本を出していましてね、と『檻の中のライオン』の本を見せると、「ああ、こういう本ですか」と。ここに至るまで、私の著書を読んでおられない。がっかりしながら『檻を壊すライオン』とともに進呈した。

「弁護士業務の依頼も全部断ってスタンバイしていたのですよ、これからどうすれば……」と恨み言を述べてみたところ、長妻氏は「弁護士やってください（以上）」というお答えであった。

妻は、「椽に講演の機会を」と、ここでも要望した。

私は、佐藤氏に要望した主権者教育の問題について、ここでも要望した。

3月18日、万感の思いを込めてフェイスブックに公開投稿した。

候補者は郷原氏や宮口氏ほか「3人」と報じられ一人だけ名前が出ていないが、それは私であること。前年の6月からこの選挙に出るつもりでスタンバイしていたこと。恨みつらみは明記せず、「6月」と書いて、あとは察していただく書き方とした。候補者が選挙のために書いた著書ということになるはずだった『檻を壊すライオン』、苦心して制作したユーチューブ動画が、私の存在もろとも埋もれてしまうのも口惜しく、選挙の前に多くの方にご覧いただきたいという思いで紹介した。たくさんのいいね、シェア、コメントをいただいた。

この投稿に、これまで一度も私に取材してこなかった新聞の記者さん（この選挙の記事を署名入りで書いていた）が「いいね」を押してきたのでメッセージを送ったところ、事務所に来てくださり話を聞いてくださった。話を聞いていただけるだけでありがたかった。

3月20日、宮口氏の最初の記者会見。これを見て、私はがっかりした（QRコード下）。

・障害のある息子を育ててきた。
・ヘルプマークを広げる活動を続けてきた。
・離婚してシングルマザーとして3人の子を育てている。

これに続いて、買収事件について次のように述べた。

「今回、過去に例を見ない大規模な選挙買収事件が、この広島県で起こりました。しかし、大切なことは、【起こったことを今ここで話すのではなく、これから先のことを議論していくべき】ではないかと思います」

そして、

・女性の活躍推進。
・小さな声を届けていく。
・誰かの役に立てるような政治家になりたい。

ここで再び買収事件について

「選挙買収事件については、意思表示がなされるべきだと思います。私とともに、変える勇気を持ってください。みんなで頑張って、コロナを乗り越えましょう。そしてその先へ、進んでいきましょう」（おわり）

テレビでこれを見てがっかりした。【起こったことを今ここで話すのではなく、これから先のことを議論していくべき】というところが、私の考えとはまるっきり逆である。私は、なぜ広島だけ選挙をやり直すことになったのか過去を振り返ることができるように、安倍政権下で起きた数々の事例をまとめた本まで出して準備していたというのに。

済んだことは考えなくてよい、というような言い方で、よく意味がわからない。

1年近く一部始終を間近で見てきた妻も、この記者会見を見て、党の人選に強い不信感を抱いていた。

3月24日、NHKがインターネットに記事を掲載した。3人の記者の署名入りで、私にたびたび取材してきた記者も名を連ねている。（QRコード下　傍線は著者）

2021年3月24日　特集記事

広島 再選挙の思惑は？　〝仁義なき戦い〟の末に

（中略）

〝政治とカネ〟前面に

一方、野党第1党の立憲民主党は参議院広島選挙区での2議席独占を目指して、候補者を擁立する方針を早々に決めた。「政治とカネ」の問題を訴え、保守地盤の広島でも勝利すれば菅政権に打撃を与えられると考えたからだ。与党の動きも見ながら、遅くとも2月中の決定を目指した。短期決戦であることから、党本部が主導して知名度の高い人物を中心に人選を進め、複数の候補者から3人に絞り込んだ。

この中で狙いを定めたのが、広島市の小中学校に通ったこともあり、広島にゆかりがある元検察官の郷原信郎だった。巨額買収事件についてSNSで舌鋒鋭く糾弾していた。「政治とカネ」の問題で世論を喚起するにはうってつけの人物だった。

しかし郷原から色よい返事が得られないまま時は過ぎていった。

郷原自身は3月4日、広島の有権者が「政治とカネ」の問題に関心を持っているのかどうか、自分が求められているのかどうかを直接確認したいと広島に足を運んだ。

記者団の取材に対しても「今回の再選挙に至る経緯や、その後の自民党側の候補者の擁立の動きに非常に憤りを覚えている」と述べたものの、立候補するかどうかについては踏み込まなかった。

そしてその5日後、郷原は結局立候補の見送りを表明した。

河井夫妻から現金を受け取った側が何も処罰されず活動できる選挙では、公正な選挙がまったく期待できないというのが理由だと説明した。

〝大本命〟に振られ戦略転換

2月中には候補者を決めたいとしていた立憲民主党は、その期日を延ばしてまで待った〝大本命〟に突然振られ、仕切り直しを余儀なくされた。

再選挙の告示は1か月後に迫っていることもあり、郷原とともに絞り込まれた2人のどちらにするかとなった。

幹事長の福山哲郎ら党幹部が東京都内で、平和や憲法問題に取り組む男性弁護士と、フリーアナウンサーの宮口治子（45）の2人と面談し、党幹部は宮口を高く評価した。

宮口は広島県福山市で3人の子どもを育ててきた。また外見ではわからない障害などがあることを知らせる「ヘルプマーク」の普及にも取り組んできた。こうした人柄や活動ぶりは県連内でも評価された。


宮口は立候補にあたってこう決意を示した。

「『シングルマザーであっても、子どもに障害があっても、こんな風に挑戦する女性がおるんじゃな、私も頑張らないけん』、そう思ってくれる人が1人でもいれば、今回、私が立候補した意味はあると思う。私は小さな声を届け、誰かのために役に立てるような政治家になりたい」


社会的に弱い立場の人たちの声を国政に届けることで政治を変えていく。それが政治に信頼を取り戻す広島の意思表示になる。

立憲民主党は、再選挙の戦略を転換した。

競合相手になるかも　でも支援

宮口を立候補に導いたのは県連の代表代行で参議院議員の森本真治だ。

ただ森本は微妙な立場でもある。

今回の再選挙で勝利した場合、４年後の選挙でともに議席をかけて戦うことになるからだ。定員２の広島選挙区は長く与野党で議席を分けあってきており議席の独占はハードルが高い。それでも森本は全力で戦うという。

「今回は全国が注目し、国政全体に与える影響は極めて大きい選挙になる。相当ハードルは高いが２議席独占を果たし『政治の浄化』を成し遂げないといけない。４年後の私の選挙を心配する声もあるが政治の世界はあす何があるかさえわからないし、今は政治を正す思いが強く全集中したい」


「宮口を立候補に導いたのは県連の代表代行で参議院議員の森本真治だ」とはっきり書かれている。森本氏の「微妙な立場」についても解説されているが、森本氏が語るきれいごとの説明がそのまま書かれているだけだった。この記事を書いた記者は、後に明らかとなる森本氏と宮口治子氏の関係までは知らなかったということか。

記事中、「平和や憲法問題に取り組む男性弁護士」と書かれているのが私のことである。候補者が３人だったことは書かれているが、宮口氏、郷原氏の名前だけ表に出て、私の名前だけは最後まで伏せられたのだった。すでに私は自分のフェイスブックで公開投稿しているので隠す必要はないのだが。名前が報道されないことにはメリットもある（私の活動に政治色がつかずに済む）が、1年近く前から待機していたにもかかわらず闇に消された感が残ってしまった。
私にとっては、大変な緊張感をもって過ごした激動の1年だったのだが、誰にも知られず消されてしまって、最初から何もなかったかのようになってしまった。しかも、何かおかしな力が働いてのことである。このモヤモヤ感、消化不良感、共感していただけるだろうか。誰かに話を聞いてほしい。

私は、郷原信郎弁護士に連絡をとってみた。郷原氏はこころよく応じてくださり、街宣などのために広島に来られる機会に私の法律事務所にお越しくださることとなった。
4月3日、私の事務所で郷原氏との対談動画を撮影した。これをユーチューブ「檻の中のライオンチャンネル」にアップしているので、ぜひご覧いただきたい。郷原氏も「河井夫妻の事件は自民党組織の問題」と、私と同じ見解を語っておられる（QRコード下）。

郷原氏が帰られたあと、同じ日の夕刻、私の事務所に、佐藤公治氏、宮口氏、森本氏の秘書（福田玄氏。後にも登場する）が訪れた。妻は事務所にはいたが同席しなかった。

佐藤氏から求められ、私が作った檻とライオンの選挙用チラシ（47頁）を宮口氏に示しながら、この選挙の意義について説明した。なぜ、落とされた人が選ばれた人に説明しなければならないのか。

佐藤氏が『けんぽう絵本　おりとライオン』を購入してくださり、宮口氏にそれを渡した。

佐藤氏から「宮口さんとツーショット写真を撮ってほしい」と求められ、私は「いやいや、それは結構です……」と拒否したが、強く勧めてくる。心情的にはとても嫌であるが、これから知名度が上がる宮口氏に本を宣伝してもらえるならと思って、応じることにした。森本秘書の福田玄氏が撮影した。このときは、この撮影者のことは何も意識していなかったが、実は森本氏と宮口治子氏をつなぐキーパーソンであることが後で判明する。

後日、その写真が宮口氏のツイッターやフェイスブックにアップされていた（QRコード下）。

●選挙戦

再選挙は4月9日に公示され選挙戦となった。

4月9日、ツイッターに宮口治子氏の年賀状の画像が流れた。宮口氏の結婚式らしき写真が載っている。

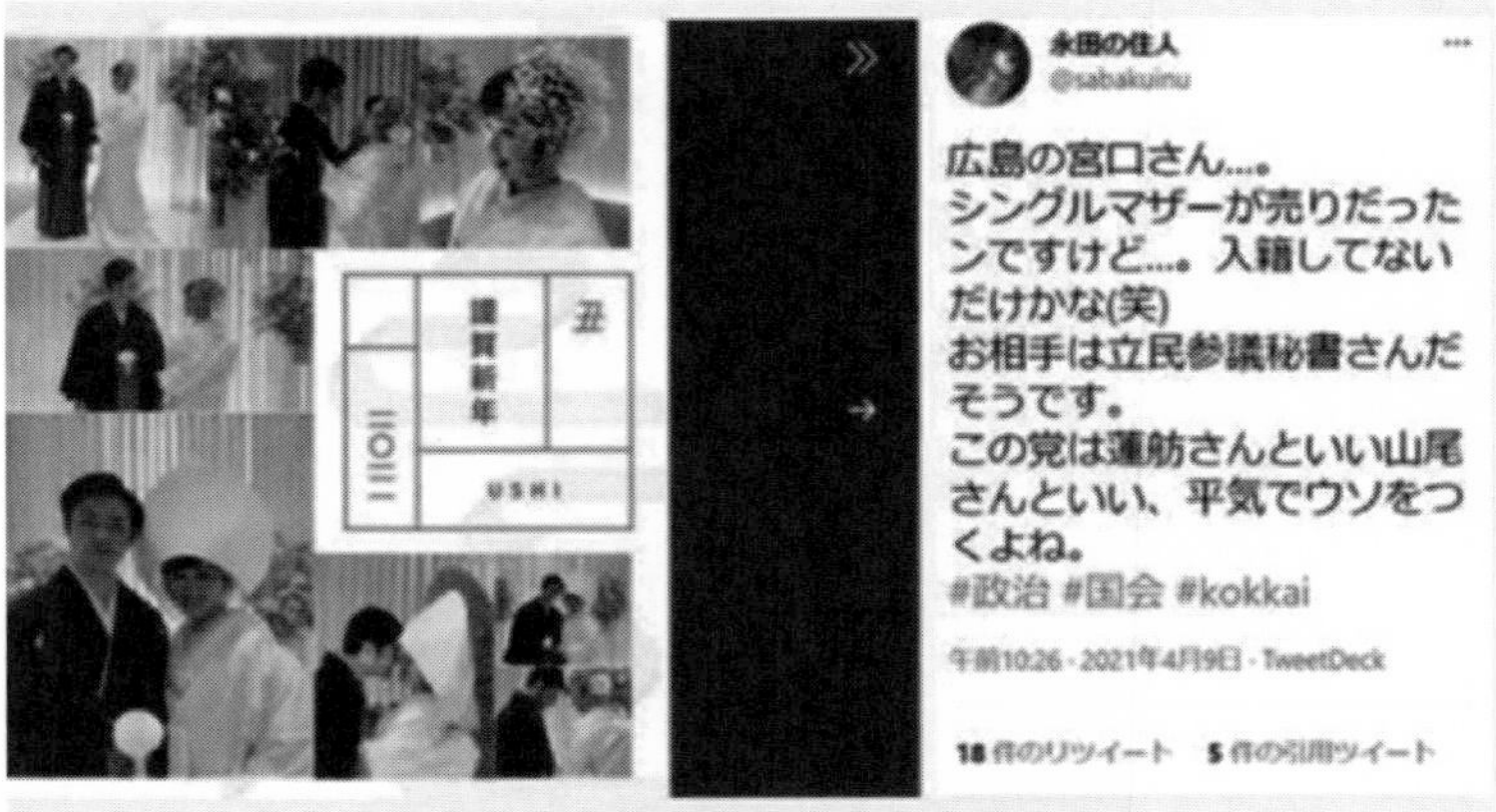

謹賀新年
丑
二〇二一
USHI
永田の住人
@sabakuinu
広島の宮口さん…。
シングルマザーが売りだったンですけど…。入籍してないだけかな(笑)
お相手は立民参議秘書さんだそうです。
この党は蓮舫さんといい山尾さんといい、平気でウソをつくよね。
#政治 #国会 #kokkai
午前10:26 · 2021年4月9日 · TweetDeck
18 件のリツイート　5 件の引用ツイート

ツイッターに公開された宮口治子氏の年賀状

「シングルマザー」を売りにしていたのに、シングルじゃない疑惑が出てきたのだった。

「お相手は立民参議秘書さんだそうです」と書かれている。この時点では、どの参議院議員の秘書なのかはわからなかった。

私は、宮口氏の演説を何度も聞きに行った。自分はどんな人に敗れたのか。学ばなければと。遠い昔、司法試験に何度も落ち続けて、落ちたら合格者に頭を下げて教えを乞う、という習性がついたからかもしれない。

演説を聞きに行くと、私のことを知っている方が、私の写真を撮ってSNSにアップしたりするのだった。SNSにアップされると、「椋さんも宮口さんを応援してるんですね！」などというコメントを書いてくる方が何人もおられて、本当にやりきれない思いだった。本来、様々な候補者の演説を聞いたりしたうえで、どの候補者を応援するか判断するものではないかと思うが、演説を聞きに行った＝応援している、と受け取られてしまう。たくさんのことを申し上げたいのをぐっとガマンした。私の気持ちを察していただけるだろうか。

４月11日、宮口氏の街宣を聞きに行った際、ジャーナリストの横田一氏に初めてお会いした。ご挨拶したところ、横田氏は、檻の中のライオンのことも、私が立候補するつもりだったこともご存知なく、私が落とされたことを軽くお話しした。

その横田氏が、２日後の４月13日、インターネットに記事を掲載した（NetIB-News ２０２１年４月13日「【ＳＴＯＰ！文春砲】参院広島選挙区再選挙でネガティブ・キャンペーン？」ＱＲコード下傍線は筆者）。

「……そんな中、激戦では恒例のネガティブ・キャンペーンが始まっている。野党批判が目立つツイッター「永田の住人（@sabakuinu）」が４月９日、ウェディングドレス姿の宮口氏と地元国会議員（森本真治参議院議員）秘書とのツーショット写真付の年賀状を掲載。……」

野党側を応援する記事だが、**宮口治子の結婚相手は森本真治参議院議員の秘書**、と書かれていた。

この記事により、森本氏と宮口氏の関係を初めて知った。森本氏が、２０２５年の参院選で自分と競合しないように（28頁）、自分の言うことを聞く立場にある、自分の秘書の妻である宮口氏を連れてきたのだ！

宮口治子陣営のポスター

森本氏にうまくやられたとは思っていたが、なぜ森本氏が宮口氏を推したのかまではわからなかった。この記事で、それがわかった。自分の立場を守るための人選だったのか。

後に、この秘書というのが、４月３日に宮口氏らとともに私の事務所に来た福田玄氏だということを確認した。二人一緒に行動しつつ、シングルマザーと連呼していたのか。

「しがらみのない候補者に投票を！」というポスターが貼られていたが、宮口治子氏は100％しがらみのある人だった。

森本氏の気持ちは理解できる。だれしも自分の議席を守りたいのは当然である。広島は2人区で、自民党に勝たなくても2議席目で当選できる安定したポジションに座っているのに、それが脅かされる状況となって気が気ではなかっただろう。しかしそんな本音は決して表に出さず、広島県連の選対委員長という立場で党のために仕事をしなければならない。そんな難しい立場で、並び立たない2つのことをうまく両立させた手腕はお見事というほかない。ただ、並び立たないことを両立させた歪みが、私のところに来たのであった。

週刊新潮4月22日号に、ツイッターに流れた写真が掲載され、宮口治子はシングルマザーじゃない疑惑が報じられた（デイリー新潮　2021年4月23日「参院広島再選、『シングルマザー』候補の経歴詐称疑惑　男性との婚礼写真…本人は『6月に入籍予定』」　QRコード下　傍線筆者）。

選挙に情報戦は付き物。接戦であればなおさら尚更である。4月8日に告示された参院広島区再選挙。野党統一候補の、あらぬ写真が出回っている。

北海道と長野でも衆参の補選が告示された。この3選挙の趨勢は菅政権の今後を占う。とりわけ「保守王国」広島は、自民党にとって絶対に落とせない選挙区だ。

「与党の危機感はすごい」

とは、さる政治部デスク。

「やはり自民党の河井案里議員の辞職に伴う選挙ということから、逆風が吹いています。与党候補が官僚OBなのに対し、野党が女性というのも対照的ですね」

野党統一候補として出馬したのは、宮口治子氏（45）。地方テレビ局でキャスターを務めた後、フリーに。シングルマザーとして3人の子を育てているという「庶民感覚」が売りで、演説でもそれをアピールしているが、

「実はその経歴について疑義が生じていましてね」

と、さる地元政界関係者。

「彼女に離婚歴があるのは事実ですが、現在は内縁関係の〝夫〟がいる、と。その証拠として、彼女と男性が和装で並ぶ〝婚礼写真〟が広く出回っています」

それが掲載の写真である（筆者注：67頁の写真）。確かに白無垢で「角隠し」を被った宮口氏がほほ笑んでいる。横には黒紋付の男性がいて、なるほどシングルマザーには見えな

い。

選挙期間中にスキャンダルが持ち上がり、〝失速〟した候補者は何人もいるが、彼女もそうなるのか。

宮口氏ご本人に聞くと、

「経歴に嘘はないんです」

と〝疑惑〟を否定する。

「写真は確かに私です。相手は交際中の男性で、実は6月に入籍予定。それで衣裳を着て写真を撮って、お正月に知人20人ほどにLINEで送った。それが出回っているんですね。記念になるかな、と思ったんですが、今となってはバカなことをしたな、と」

相手は、立憲民主党所属議員の秘書でバツイチの独身だという。問題は内縁関係にあるか否かだが、

「住まいも生計も別です。私は実家に住み、別れた夫と分担して子育てしています。お互いが離婚する前から交際していたとも言われているそうですが、それも嘘で、ちゃんと離婚してから付き合い始めましたよ」

と、元アナらしく流暢に弁明するのである。

もっとも、宮口候補、離婚はわずか3年前というから、「シングルマザーをことさらア

ピールするのはどうなのか」（地元関係者）、また「本人は〝受かっても1期だけ〟と周りに公言している。担ぎ出されただけで、そもそも志があるのかどうか……」（宮口氏の知人）との指摘も。
注目の投開票日は25日。「現状、野党がやや優勢」（前出・デスク）というから、それまで激しい「情報戦」は続きそうだ。

「相手は、立憲民主党所属議員の秘書」と書かれていたが、ここに「森本真治」の名がなかった。そこが重要なのに、横田一氏がすでにそれを報じているのに、なぜ書かないのか。

宮口氏は森本氏の秘書の妻、と暴露していたジャーナリストの横田氏は、4月23日にもインターネットに記事を掲載し、森本氏が自己都合で宮口氏を選んだのではないか、という問題点を初めて指摘してくださった。（NetIB-News　２０２１年4月23日「【参院広島再選挙】25日決戦に向けてネガキャンも　保守王国・広島の有権者はどう動く?」QRコード下　傍線は著者）

『週刊文春』発売2日前の4月13日、本サイト記事「【STOP!文春砲】参院広島選挙区再選挙でネガティブ・キャンペーン？」が公開された。野党批判が目立つツイッター「永田の住人（@sabakuinu）」でウェディングドレス姿の宮口はるこ氏と地元国会議員秘書との写真を掲載、「本当にシングルなの…？」「シングルマザーが売りだったですけど…。入籍してないだけかな（笑）」と疑問呈示。

（中略）

この発信から4日後の15日、海外では笑い物になりそうな古臭い見方に基づく記事を出したのは文春砲ではなく、週刊新潮だった。タイトルは「参院広島再選挙『シングルマザー』候補に『疑惑の角隠し』写真」で、先の「永田の住人」の発信を膨らませたような内容。同じ写真も掲載、「なるほどシングルマザーとは見えない」と疑問視もした。

悪意に満ちた記事でもあった。「本人は〝受かっても1期だけ〟と周りに公言している。担ぎ出されただけで、そもそも志があるのかどうか」という宮口氏の知人のコメントを紹介しているが、保守王国・広島で参院広島選挙区（定数2）を与野党が議席を分け合ってきたことに注目すれば、「1期だけ」と覚悟するのは当たり前のことだ。

というのは、自民党の河井案里参議院議員の失職にともなう今回の再選挙で宮口氏が当選した場合、通常では考えられない野党2議席独占となる。しかし4年後の参院選では再び与野党で議席を分け合って現職の森本氏か新人の宮口氏のどちらかが落選する可能性が極めて高い。宮口氏が1期で議員人生を終えると覚悟するのはごく自然であり、志の有無ではなく、選挙区事情から出た常識的発言といえるのだ。

また森本参議院議員の秘書が宮口氏の新しいパートナーであることから「身びいきではないか」との指摘もあるが、これも保守王国・広島の状況に目を向けると現実離れした虚構にすぎない。森本氏の議席維持という観点からすると、与党系候補と互角の勝負をする宮口氏の出馬はマイナス要因となる。野党2議席独占となれば自らの議席を失うリスクが生じるためだ。しかし森本氏は秘書を通じて、宮口氏の出馬に反対することはしなかった。それどころか選対幹部となって街宣の司会役を買って出てもいる。国会議員ポスト死守が最優先の人から見れば、「自分で自分の首を絞める自虐的行為」にも映るだろうが、自らの保身よりも全国が注目する広島再選挙での勝利を重視しているといえる。褒められることはあっても批判されることとは言い難いのだ。

宮口候補落選（＝西田候補当選）を意図しているように見える「永田の住民」や、後追いをしたように見える週刊新潮のネガティブ・キャンペーンがどこまで投票行動に影響を与えるのか。4月25日の結果が注目される。

横田氏は4月13日の記事で、宮口治子の結婚相手は森本参議院議員の秘書、と書いてしまい、それについて弁解しようとされているように見えるが、かえって問題の所在が明確になっている。繰り返すが、横田氏は、私が立候補するつもりでスタンバイしていたことを知ったうえで、この記事を書いている。

翌週、週刊アサヒ芸能4月29日号も、私が指摘する問題意識を報じてくれた。「もうひとりの男性弁護士でほぼ内定ともいわれていた」「（宮口氏の）お相手は森本議員の秘書であり、状況からはパートナーのプッシュによって野党統一候補となったと思われても仕方がない」と。

当初、立憲民主党の候補者は3人いた。男性弁護士2人と宮口氏だ。最大の有力候補だったのは郷原信郎氏（66）だが、3月9日に出馬を辞退。それでも、もうひとりの男性弁護士でほぼ内定とも言われていたようなのだが…。

「実は昨年秋に国民民主党など他党が合流した時点から、風向きが宮口氏擁立に傾いていたといいます。というのも、彼女を支持する立民の森本参議院議員がかつては旧国民民主党所属であったため、宮口派の援護者が増えたようです」（政治部記者）

出馬表明は3月20日と、自民党に比べて約1カ月出遅れた。しかし蓋を開けてみれば、新人の宮口氏が自民党候補の西田英範氏（39）をリードしているとの展開が伝えられている。

宮口氏は女性の社会進出やジェンダー問題への取り組みを重視。出馬表明では「現在は離婚をしておりまして、シングルマザーとして3人の子供を育てております」と、自身の身の上をことさらアピールしてみせた。そんな逆境に立ち向かう、強い女性像が順調に支持を集めた格好だ。

ところが、である。「経歴詐称疑惑」の写真が漏洩する騒動が勃発したのだ。

「謹賀新年二〇二一」とプリントされた写真には、白無垢姿と袴姿の男女が向き合って微笑んでいる。唇が触れる寸前まで顔を近づけるショットなど、計8枚の写真がコラージュされた年賀状らしき写真だ。幸せオーラ満開の姿は新婚夫婦にしか見えない。微笑ましいとも思えるものだが、宮口氏はシングルマザーと公言していたはずでは……。

さらにお相手は、森本議員の秘書であり、状況からはパートナーのプッシュによって野党統一候補になったと思われても仕方がない。宮口氏の選挙事務所に確認すると、担当者はこう話した。

「宮口さんにパートナーがいるのは事実ですが、入籍はしていません。昨年の秋頃には両親への挨拶も済ませましたが、式と入籍はコロナ禍の影響で見合わせていたようです。

昨年末に結婚式の前撮り写真として撮影したものを宮口さん側の親しい友人15人ほどにLINEで『6月に入籍予定です』というメッセージ付きで送ったところ、それが出回ってしまいました」

前夫と別れたのは3年前。共同親権で育児を支え合ってきたという。そして現在は、結婚を約束した「事実婚」の新たなパートナーがいるというわけだ。

とはいえ、昨年秋から出馬の可能性がありながら、触れ込みとは違う、疑惑が生じてしまうような写真をバラまくとは、少し脇が甘い印象も受けるが、

「いやいや、私たちも郷原さんで候補は確定すると思っていたくらいです。昨年の秋にはまだ決まっていません。宮口さんに白羽の矢が立ったのは2月後半～3月前半です。しかも推薦したのはパートナーの方ではなく一般女性で、宮口さんと立憲民主党内の人脈に共通する知人。写真の流出や噂も、自民党側からの嫌がらせではないでしょうか……。もちろん、誤解を招いてしまったことは事実です」（選挙事務所の担当者）

与党のみならず野党にとっても、今回の再選挙は今後の政局に関わる重大な試金石だ。横田氏が最新情勢を分析する。

「3勝できるかどうか、広島戦にかかっています。もし勝てば勢いがつき、政権交代まではいかなくとも、解散総選挙で自民党の議席が大幅に減るかもしれません。宮口陣営で

電話かけをしているボランティアの方は、有権者の反応がいいと言っている。街頭演説でも拍手が力強く、熱伝導のように広がっていました」

そうした期待に応えることができるか。待ったなしの選挙の行方が注目される。

3年前に離婚して、森本氏の秘書福田玄氏と結婚が決まっているもののコロナのため挙式や入籍を見合わせている状態で、近々結婚予定であるものの、厳密にはまだなのでシングルだということである。

宮口氏は、公然と「シングルマザー」とアピールするくらいだから、候補者選考の面接の際にも結婚予定ということは伏せていたことだろう。森本氏は知っていただろうが、会議の場ではそれを秘していたことだろう。面接を担当したほかの議員たちも、森本氏が、「自分の秘書の妻」という自分に都合の良い立場の人を連れてきたのだということは知らないまま、宮口氏を選んだということになるだろう。

買収事件と関係のないシングルマザーを殊更にアピールして、しかしシングルじゃない疑惑が出てきて、選挙終盤になって買収事件についての言及を増やしたようである。この選挙は何の選挙なのか。

そんな宮口氏を応援する野党支持者のみなさんを、私は一人傷つきながら眺めていた。

数年の時が流れて2023年9月8日、広島の中国新聞が、河井克行氏が「総理2800、すがっち500、幹事長3300、甘利1000」というメモを残していたことと報じた。河井克行氏は、党本部からの1億5000万円のほかに、安倍首相から2800万円、菅官房長官から500万円、二階俊博幹事長から3300万円、甘利明選対委員長から100万円、をこっそりもらっていて、そのお金が買収の原資となったのではないか、と。

やはりこの再選挙は、安倍政権の体質そのものを根本的に問題にしなければならなかったと思う。

が、候補者選考の面接の場は「正しいこと」や「自分の能力」をアピールする場ではないのだった。そんなことは不要どころか有害ですらある。「誠実さ」も不要どころか有害だった。そこを、私は間違えていた。私がこれまで生きてきた世界とは逆だった。

一方、自民党の候補者となった西田英範氏は、82頁のような「5つの重点政策」を掲げていた。

「5つの重点政策」すべてにおいて、「広島」を連呼している。知らない人が見たら、広島県知事選か広島県議選の候補者に見えるだろう。

西田ひでのり（西田英範）·2021/04/05

私、西田ひでのりが掲げる #信頼回復と未来への改革 のための５つの重点政策についてご紹介いたします。1つ目は「政治改革」です。

#広島 の買収事件によって失った県民の皆さまからの信頼を取り戻すために、私は清廉な政治活動に全力で取り組み、協調と希望あふれる未来を実現してまいります。

西田ひでのり（西田英範… ·2021/04/05

5つの重点政策、2つ目は「コロナ対策」です。

広島県内でも変異株の感染が確認されています。県民の皆さまの命と暮らしを守り抜くために、国・県の緊密な連携やデータ活用による迅速なワクチン接種や変異株への対応を進めます。コロナ禍で疲弊した広島経済をあらゆる側面から支援し雇用を守ります。

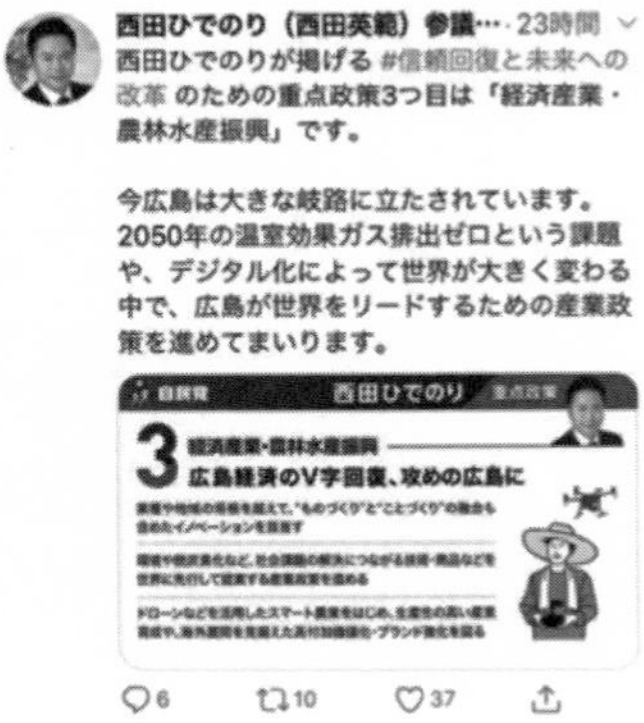

西田ひでのり（西田英範）参議… ·23時間

西田ひでのりが掲げる #信頼回復と未来への改革 のための重点政策3つ目は「経済産業・農林水産振興」です。

今広島は大きな岐路に立たされています。2050年の温室効果ガス排出ゼロという課題や、デジタル化によって世界が大きく変わる中で、広島が世界をリードするための産業政策を進めてまいります。

西田ひでのり（西田英範… ·2021/04/05

私、西田ひでのりが掲げる #信頼回復と未来への改革 のための5つの重点政策、4つ目は「教育・働き方改革」です。

#広島 県民一人一人が付加価値を生み出せるよう、産業構造の変化がますます早くなる中であっても創造的な教育への転換と、誰もが働きやすい環境の整備を進めてまいります。

西田ひでのり（西田英範… ·2021/04/05

私、西田ひでのりが掲げる #信頼回復と未来への改革 のための5つの重点政策、5つ目は「防災・減災」です。

#広島 県民の皆さまに安心して生活していただくために、老朽施設の改善に加え、デジタル技術の活用によって安全性・耐久性の確保を効率化してまいります。

2021 年参院広島再選挙の自民党公認候補・西田英範氏の Twitter より

西田ひでのり（西田英範）参議院…　·6日
松井一實広島市長から応援メッセージを頂戴しました。ありがとうございます。コロナ禍の影響を受けた広島の経済を立て直したい。そして、あの買収事件で失われた広島の政治の信頼を取り戻したい。私はその一心で、政治を前に進めてまいります。YouTubeもぜひご覧ください！bit.ly/3eEx9iE

902 回再生済み

1　19　51

西田ひでのり（西田英範）参議院…　·4日
河野太郎大臣 @konotarogomame から応援メッセージを頂戴しました。ありがとうございます！今、コロナ禍の影響で産業や経済が疲弊した広島経済をV字回復させていくために、河野大臣とともに、規制改革にしっかりと取り組んでまいります！#広島再選挙 #西田ひでのり

7.4万 回再生済み

21　88　612

西田ひでのり（西田英範…　·2021/03/19
自見はなこ参議院議員 @jimihanako から応援メッセージを頂戴しました。広島の皆さまの命と暮らしを守り抜くために、若い力を存分に発揮し、迅速なワクチン接種をはじめとするコロナ対策を進めてまいります。応援動画はYouTubeにもアップしていますので、ぜひご覧ください！bit.ly/3eEx9iE

1345 回再生済み

1　6　31

西田ひでのり（西田英範）参議院…　·3日
本日16時から、尾道市のしまなみ交流館前広場で出陣式を行います！応援弁士として、岸田文雄代議士 @kishida230 宮沢洋一参議院議員、小島敏文代議士にご登壇いただきます。私は尾道の皆さまへ、信頼を取り戻す公正な政治と、世界をリードする広島経済の再生について訴えてまいります。
#広島再選挙

1　9　54

西田ひでのり（西田英範）参議院…　·3日
本日18時から、三原市のJR三原駅前にて出陣式を行います！応援弁士として、岸田文雄代議士 @kishida230 宮沢洋一参議院議員、小島敏文代議士にもご登壇いただきます。立候補の決意や皆さまと一緒に広島を前進させるための政策を、誠心誠意お話しいたします。#広島再選挙 #信頼回復と未来への改革

3　10　50

応援メッセージを頂戴しました、などのツイートも「広島」「広島」である（83頁）。

そんな西田氏に対して、野党陣営は誰もツッコミを入れない様子である。

２０２１年4月12日、私はフェイスブックに次のように投稿した。


参院広島選挙区の再選挙、自民党の西田候補の言葉
「広島経済のV字回復」

「広島の経済を立て直す」

「広島経済をあらゆる側面から支援」

「広島が世界をリードするための産業政策」

「広島県民一人一人が付加価値を生み出せるよう」

「広島を前進させるための政策」

「広島県民の命と暮らしを守り抜くコロナ対策」

「広島県民の皆さまに安心して生活していただく」

とのことですが……

広島県民のためにお仕事したいのなら、広島県知事か広島県議会議員に立候補すべきでしょう。

国会議員は「全国民の代表」（憲法43条）です。選挙区選出の国会議員も、選挙区の代表ではありません。国会議員は、選挙区民のためではなく、全国民のために仕事をしなければなりません（拙著『檻を壊すライオン』210頁）。

選挙区の人たちにばかり経済的利益を与えるから票を入れてくれ、というのは、発想が買収と同じではありませんか。そういう候補者を応援するのは、お金をもらったから応援する、というのと変わらないのではないでしょうか。

しかし、有権者の側も、地元なんだから利益誘導してよ、というような意識を持っていたりしませんか？

今回の選挙は、失敗したからやり直し、という再選挙です。失敗を繰り返さないためには、なぜ失敗したのか、有権者もこれまでの投票行動を振り返って考え直さなければなりません。たとえばそういうところを、考え直さないといけないのではないでしょうか。

権力が「みんなのため」に使われず、権力者の「お友達のため」に使われる政治がまかり通って止まりません。河井事件も、それに連なる出来事の一つでしょう。全国民のために使わなければいけない権力を広島県民のために使う、と公言しているようでは、また同じことが繰り返されかねません。

まさにそういう発言をして辞任に追い込まれた大臣もいました。塚田一郎国交副大臣の

「安倍首相と麻生大臣に忖度して下関と北九州の道路整備」という発言（拙著『檻を壊すライオン』180頁）。地元に利益誘導するのか？　と批判を浴びたものです。

選挙権は、個人の「権利」であるとともに「公務」でもあるとされています（『檻を壊すライオン』230頁）。ですから、選挙権を使う際には、

「自分のため」だけでなく「みんなのため」

「広島のため」だけでなく「全国民のため」

を考える視点を持ちたいものです。今回の選挙は、全国民が広島に向けている視線を意識して投票することが、広島のためにもなるのではないでしょうか。

西田さんも、有権者の皆様も、『檻の中のライオン』『檻を壊すライオン』読んでみてください。

この投稿には、たくさんの好意的なコメントをいただいた。

私は、これと同じことを広島での面接で森本氏に述べた（38頁）。森本氏を斬った刀と同じ刀で、西田氏も斬ったのだった。

選挙期間中にNHKが放送した候補者インタビューでも、国政選挙なのに「地域の課題は？」という質問がなされていた。報道機関もそういう感じだ。ちゃんとした質問をしてほしい。

この質問に、まるで私のような答え方をする候補者がいた。政党の支援を受けず独力で立候補された玉田憲勲候補だ。

「河井案里氏問題で明らかなように、広島代表という考え方そのものに間違いがある。国会議員は全国民の代表である」

そのとおりである。

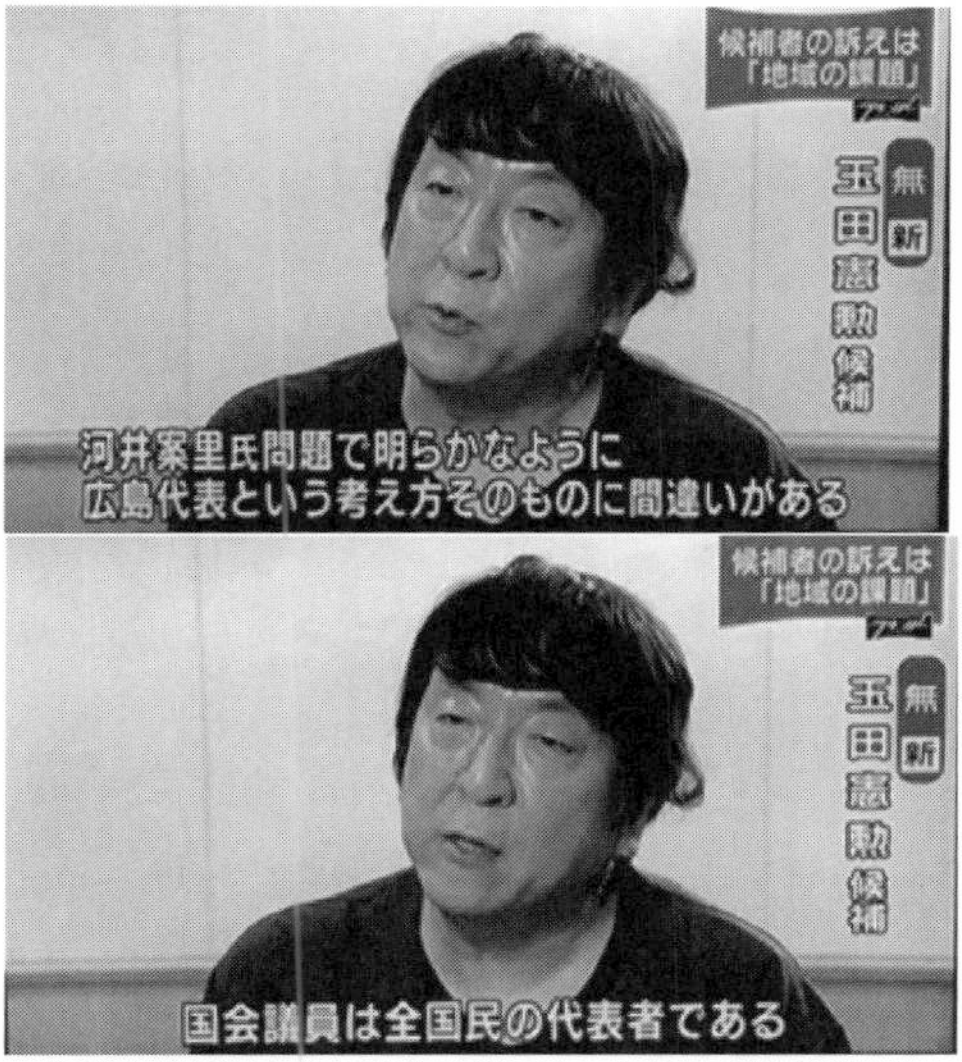
候補者の訴えは
「地域の課題」
無
新
玉田憲勲候補
河井案里氏問題で明らかなように
広島代表という考え方そのものに間違いがある
候補者の訴えは
「地域の課題」
無
新
玉田憲勲候補
国会議員は全国民の代表者である
「国会議員は全国民の代表」と玉田憲勲候補

選挙の結果は次頁のとおり（https://www.nhk.or.jp/senkyo/database/local/hiroshima/17370/skh50038.html）。宮口氏が当選を果たした。正しいことを述べていた玉田氏は最下位だった。

私のフェイスブック投稿に、「宮口さん当選してよかったですね！」とコメントをつけてくる方が何人かおられて、やりきれない思いをじっと堪えた。

当

宮口《みやぐち》　治子《はるこ》

諸派　新　45歳　当選：1回目　推薦：立民・国民・社民　フリーアナウンサー

370，860（48・4％）

西田《にした》　英範《ひでのり》

自民　新　39歳　推薦：公明　元経済産業省課長補佐　336，924（43・9％）

佐藤《さとう》　周一《しゅういち》

無　新　45歳　介護職員　20，848（2・7％）

山本《やまもと》　貴平《たかひら》

N党　新　46歳　政党職員　16，114（2・1％）

大山《おおやま》　宏《ひろし》

無　新　72歳　元会社員　13，363（1・7％）

玉田《たまだ》　憲勲《のりたか》
無　新　63歳　医療法人理事長　8，806（1.1％）

投票率は33・61％。


「河井事件、金権政治が許せない。だから投票に行かない」という倒錯したようなことを言う人もいたようである。有権者が政治をチェックする機会が選挙なのに、河井事件が起きてしまったやり直しの選挙で「棄権＝無関心、丸投げ」という態度を見せてどうするのか。「投票したい候補者がいない」というのなら気持ちはわかりますが。

「あの檻とライオンの楾弁護士がいる広島で、この投票率」とツイッターに書いている人がおられて、嬉しく思いつつ、いろいろと書きたいのをじっと我慢した。


余談めいた話になるが……。

4月21日、小川淳也衆議院議員が選挙の応援のため広島を訪れた。この機会に広島市内で小川氏を囲んで座談会を開催すると知人からお誘いをいただき、出席した。

参加者ひとりずつ発言の機会が与えられた。私は、立憲主義を広げる活動を頑張ってきたこと、この選挙に出るつもりでスタンバイしていたこと、この選挙の意義、そして、主権者教育の仕組みができていないので野党の議員さんがそこに取り組んでほしい、という話をした。

小川氏は、私が投げたボールを完璧に打ち返してくださり、権力とはどういうものか、今の政治の何が問題か、有権者の主権者意識、そして主権者教育について、お話しくださった。

「投票率が高い国には2種類ある。1つは投票しないと罰則がある国。もう1つは主権者教育をしっかりやる北欧型。北欧では小学校からそういう教育をし、家庭でも親が『支持政党を持ちなさい。それがなぜなのか人に説明できるようになりなさい』と子どもに教える。政治の話なんかしちゃダメ、なんていう日本とは違う」

私と同じ問題意識をお持ちだった。そんな議員さんはいないのかもしれないと思っていた。そういう教育システムをぜひ作ってください、とお願いして終了した。小川氏に、『檻の中のライオン』の本を進呈した。

一連のやり取りが、「大井赤亥さん応援部」のユーチューブチャンネルにアップされている（QRコード下）。この動画の41分すぎ以降をご覧いただきたい。

4　2022年参院選

２０２１年4月25日の選挙が終わって以降、それまで1年間ストップしていた弁護士業務の受任を再開し、細々とこなしていた。相変わらずコロナ禍のため講演の依頼はほとんどない。

さて、私はこれからどっちの方向に進めばよいのか。

河井案里氏辞職の後の選挙に出ないか、という話が最初に来たときから、広島選出の柳田稔参議院議員（野党側で無所属）は２０２２年参院選には出ず引退の意向らしい、という話を聞いていた（18頁）。私は２０２１年の再選挙で次点だったのだから、２０２２年には私が選ばれるところかもしれない。

しかし、理屈や筋道が通る世界ではない。私が選ばれるはずがない。だって、選ぶのは森本氏だから。また森本氏らが気に入った誰かを連れてくるのだろう、公募などはしないだろうと予想していた。

とはいえ、この件が済むまでは、立憲民主党の悪口のようなことは言わずに過ごそう、と考えた。

●宮口治子氏らの集会

２０２１年７月24日、広島市内の大きなホールで、「市民と野党の力で政権交代を実現する広島集会」が開催され、この中で宮口氏の国政報告も行われた。私は、ここにもノコノコ出かけていった。妻はあきれて引き留めたが、いや行く、逃げていたら勝てん、と振り切って出かけた。

国政報告する宮口治子氏（2021年7月24日、アステールプラザ＝広島市中区）

終わったあと会場から出ようとするところで、福知県議とばったり出くわした。元国民民主党で、新立憲民主党の広島県連幹事長で、再選挙の候補者選考委員だった人である。福知県議から声をかけてきた。

福知「ああ棕さん。元気ですか。」

私「元気じゃないですよ。いやまあ元気ですよ。」

その直後、福知氏は、私の肩をポンポン叩きながら、次の言葉を発した。

福知「宮口だったから勝てたけど、棕さんだったらどうだったかわからないからね」

言われた瞬間、耳を疑った。聞いてもないのに、いきなりそんなこと言うの？　さらに続けて、「もっと知名度上げて、どうか出てくださいってこちらがお願いするくらいになってください」という言葉が飛んできた。私はお願いされたのを引き受けてスタンバイしていたのだが。

オレらが決める立場、オマエはそれに従う立場。宮口を選んだオレたちの判断が正しかっただろう、悔しかったら出直しておいで、と。勝ち誇ったような言い方に聞こえた。いろんな方が菓子折りを持って私の事務所に謝罪に来られたが、福知氏は何とも思っていないどころか、そんなことをわざわざ私に言うのだった。立憲主義を広めるために体を張ってがんばってきたのに、知名度上げて出直しておいで、と立憲民主党議員に言われた。盤石な権力の座に座ると、こうなってしまうのか。

ここで私は、怒りをぐっとガマンして、ニッコリ笑って、また機会があればよろしくお願いします、と頭を下げてお別れした。怒りをあらわにするのは今じゃない。今はまだ、悪口など言わずいい子にしておく。

純粋に、宮口氏でよかったと思っているのだなと感じた。そう思わせてしまったのは私の力不足である。たしかに、足りないところがあったと思う。しかし、森本氏にとって自分の立場を守るためには秘書の妻宮口の方が都合がよい、という腹の内が読めていないのか。

言いたいことをガマンしてニコニコ対応すると、悔しさが後々まで尾を引く。

再選挙に出るつもりだったころは、見栄えを良くしようと減量に励み、体重を4kgほど落としていた。が、出なくてよいことになり、張りつめていた緊張感が一気に緩んだうえに、闇に消された憤懣を抱えつつ、さらに福知氏からこんなことを言われ、まだ表に出すのは早いから黙っていようと思って人にも言えず、コロナのため講演もなく、耐え忍んですごしていたら、減量を始める以前より大幅に体重が増加した。

●全国比例?

2021年8月、市井紗耶香氏が2022年の参院選に立憲民主党から全国比例で出るという報道があった。全国比例の候補者はもう決まるのか。それなら、これに手を挙げてみてはどうだろう。全国を回るのなら得意だから。当選は難しいだろうが、党から金銭面など支援していただけたら、全国を回りやすくなるのではないか。

8月下旬に、江崎孝参議院議員に電話して、全国比例での立候補の意向を伝えてみた。

返事を待っているうち、10月に広島選出の岸田文雄氏が内閣総理大臣に就任し、その後すぐ衆議院が解散され衆院選が行われた。

広島では自民党の圧勝だった。広島県民は、買収事件のことなど忘れて、地元の岸田文雄氏が総理大臣になってうれしい、といった様子に見えた。大買収事件を受けた再選挙で「シングルマザーです！」などとその場限りのことをやっていたら、たとえ勝ってもその場限りである。

この選挙で立憲民主党は議席を減らし、枝野幸男氏は代表を退き、泉健太氏が新代表に選出された。

と、党内がバタバタしていている様子で、翌年の参院選の話どころではなさそうである。

選挙が終わってしばらく経ってから、長妻昭衆議院議員にショートメールで、ご当選おめでとうございます、ご相談したいことがあります、電話でお話したいです、と送ったのだが、返事はなかった。

●参議院広島選挙区、候補者の公募

衆院選が終わってまもなくして、広島選出の柳田稔参議院議員（野党側で無所属）は引退し２０２２年参院選に立候補しない、という報道があった。柳田氏が引退するという噂は本当だった。

これを受けて、12月終わりに、立憲民主党広島県連は候補者を公募する予定、という報道があった。森本氏らが誰かを連れてくるのだろうと思っていたので、これは意外だった。

２０２２年１月７日、候補者を公募することに決まったとの報道。公募は１月19日から始まり、応募の締め切りは２月４日とのことだった。

これに手を挙げる、かどうか……。

私が応募しても、落とされるに決まっている。選ぶのは森本氏だから。それでも手を上げるか。蹴っ飛ばされるのがわかっているのに、わざわざ蹴っ飛ばしてくださいと顔を差し出すのか。それは大変しんどい。大いに悩んだ。

私は、しんどい思いを振り切って、公募に応募することにした。同時に、比例の方は手を下ろすことにした。７月の参院選まであと半年未満なのに、比例の候補者はなかなか決まらない様子で、今さら候補者となっても全国を回る段取りなどできない。

公募に応募するには、志望理由書などの書類を作成しなければならない。なかなか大変である。落とされることがわかっているのに最善を尽くした。議員秘書の経験がある方が応援してくださり、この方に見ていただいて繰り返し丁寧に添削していただきながら練りに練って、Ａ４で11ページにわたる志望理由書を作成した。今回はふつうの選挙だから、立憲主義がどうのという選挙ではないので、経済政策やコロナ対策といった短期的な政策についても述べたうえで、長期的には、主権者教育の仕組みが整っていないことが根本的な問題なのでそれに取り組んでいきたい、と書いた。

それだけでなく、それまでの500回以上にわたる講演歴（場所、主催者、おおよその人数）をエクセルで表にまとめた。立憲民主党の方々は私の活動に関心を持っていなさそうだから。講演の都度、会場ごとにレポートをフェイスブックにアップしていたのが役立ったが、膨大な作業量だった。その作業でひとつわかったことがある。檻の中のライオン講演の累計参加者数は3万人ちょっとだった。頑張ってきたなという思いと、3万人ではまだまだだなという思いと。日本には1億人以上もいて、新たに生まれる人も亡くなる人もいる中で、何年もかかって3万人ではどうにもならない。福知氏から「知名度上げて出直しておいで」と言われたとおりだ。

妻も協力してくれて、私のメディア掲載歴をまとめたファイルを妻が作成してくれた。私が掲載された新聞などはただ積み上げていただけだったのを、コピーして切り抜いてファイリングしていってくれた。この妻の作業だけで1週間くらいかかり、分厚いファイルができあがった。

私も、2月4日の締め切りまでめいっぱい、つまり1か月近くかけた。

落とされるに決まっているのに、これほどの労力を費やしてまで、なぜ手を挙げたか？　理由は2つある。

第1に、何もせず通り過ぎるよりは、手を挙げたうえで落とされる経験を積めば、さらにいろんなことがわかって、後々役立つのではないか。

第2に、この一件を公にしていくための手続として、そんなことをせずに済む選択肢を彼らに提供しておこうと考えたのだ。私をもう一回落とすなら、私はもう黙っていませんよ、と。ということで、蹴っ飛ばそうとする人の足元にもう一回全力で食らいついてみた。それはとてもしんどいことだったが、妻がここでも背中を押してくれた。「手を挙げた方が、いろんなことがわかるんじゃない？」と。

2月4日の締切日に提出したあと、また日数がかかり、2月27日にオンラインで面談をさせていただいた。

その後また1か月以上待たされ、落とされることが決まったのは4月になってからだった。選ばれたのは、テレビ新広島を3月末で退職したという三上絵里アナウンサー。このときは前年とは異なり、三上氏の名前が報じられる前に、私に断りの電話連絡があった。

わかったことは、まず、長期間待たせるのは毎回のことだということ。

次に、公募とは表向きのことで、内々では前から三上氏に決まっていたのではないだろうか。三上氏の名前が初めて報じられたのは4月になってからだが、三上アナがテレビ新広島を退職したのは3月末日だそうだから。退職するには準備が必要だろう。表向き公募という形をとりながら実際には出来レースということであれば、志を持って応募する人を利用して民主的にやっているように見せようとするもので、応募者も有権者も馬鹿にしている。

出来レースであればさっさと決めればよいのに（そもそも公募の必要もないだろうに）、三上氏に決まったのは公募の締切日（2月4日）から2か月も経ってからだった。

選挙に出るには仕事の調整も必要で、選考結果が出るまで2か月も宙ぶらりん状態が続くのでは困ってしまう。この宙ぶらりんの時期に、1年前と同じ広島県内の私立高校から、また講演依頼が来た。1年前と同じ間の悪いタイミングで、もう少し早くても、もう少し遅くてもお受けできたのだが、「まず選ばれないので大丈夫と思いますが候補者公募に手を挙げていまして」と説明すると、それなら難しいですねということになり、2年連続で実現せず大変残念だった。他にも講演依頼があちこちから舞い込み、念のためお待ちいただいた。どんな職業であれ、選挙に出るかもしれないとなればこういうことがありうると思うが、立憲民主党の人たちは手を挙げた人の生活のことなど何ら顧慮していないことだろう。

前年の再選挙の際に私に取材してきた記者の一人から、「公募に応募するのか?」という電話はかかってきたが、取材はそれくらいで、再選挙のときのような取材攻勢はなかった。私が選ばれないことは決まっている、と報道の方々も知っていたからだろう。私も選ばれないとわかっているので、今回は体重がまったく減らなかった。

ほかに誰が応募していたのかも、候補者選考の過程も、私にはまったくわからない。

前年に郷原氏が立候補して当選していれば、違う展開になったかもしれない。誰を国会議員にするか決めるのは、有権者ではなく、現職議員である。


まだ候補者が決まらない状態の3月27日、立憲民主党代表の泉健太氏が広島を訪れ、立憲民主党広島県連の方々が街宣をするというので、私はここにもノコノコ出かけていった。佐藤公治氏は、私を発見するや遠くから駆け寄ってきて、おお棕さんよく来てくれた、泉さんに会ったことありますか、ないのなら挨拶しときなさい、と親切に私を泉氏に引き合わせてくださった。佐藤氏はそういう感じである(面接のときもそうだった)。泉氏にご挨拶して『檻の中のライオン』を進呈。泉氏は、檻の中のライオンや私のことはご存知ではなかった。

その後、私は森本氏の近くまで行って、森本氏がこちらを向いたタイミングでニッコリ会釈をしたところ、スーッと横を向かれた。あら？　とびっくりして、もう一度別のタイミングで会釈をしたら、またスーッと横を向かれた。福知基弘県議が、お前を落として正解だったぞ、という態度だった（93頁）のとは対照的だ。

●三上絵里氏が当選

参議院の2人区は、与野党が1議席ずつを仲良く分け合う無風の選挙となりがちである。野党第一党の公認候補は自民党に勝たなくても2議席目で当選できるため、「プラチナシート」「プラチナチケット」などと呼ばれている。このポジションには、地味であっても専門的な知識や技能を持っているような人材を配置するのがよいのではないかと思うが、どうであろうか。

立憲民主党が選んだ三上絵里氏は、国民民主党、社民党の推薦も得て無所属で立候補し、広島は2人区であるから、2位で当選した。

三上絵里氏を参議院議員にする、と誰が決めたのだろうか？　選挙で広島県民が選んだのか？　広島の現職議員が密室で、三上氏をプラチナシートに座らせると決めたから、三上氏が参議院議員となったのだ。選挙ではなく、政党が誰を公認候補者に選ぶかで、事実上議員が決まっている。

5　だまっとれん

私はまた落とされた。ここまでの1年間、私は不満を言わず耐え忍んで過ごしていた。が、これ以上彼らに気を遣っても仕方がない。一時は立憲民主党から立候補を考えた私であるが、立憲民主党によってアンチ立憲民主党に変貌させられ野に放たれた。

もはや、「だまっとれん」（広島県選挙管理委員会のキャッチコピー（4頁）。これを宮口陣営も使っていた）。

私は、全国の講演会場でこの一件について話すようになった。コロナのため激減していた講演活動は、ちょうど2022年の候補者公募で落とされてすぐの5月から復活した。講演回数は2022年133回、2023年237回と、コロナ前を上回るペースとなった。弁護士業務の依頼はすべて断り、講演活動に注力している。

広島県外の講演会場で「森本参議院議員って聞いたことありますか?」と尋ねても誰も知る者はいないが、この話を面白がって聴いてくださる方が多い。そうしているうち出版社の方にお声かけいただき本まで出すことになった。

広島県内の講演会場で、「森本さんの秘書の妻が宮口治子さんだと知っていましたか?」お尋ねすると、ほぼ誰も知らない。報道されていないから。河井事件についてきわめて詳細に報じて頑張っている中国新聞も、そこは書かない。現職森本氏の都合で人選がなされたのではないか、という問題に気づいている広島県民はきわめて少ないと思われる。２０２５年の参院選で森本氏と宮口氏がどのように調整するのか？という問題があること自体、考えたことがなかったという方が多いだろう。残念なことである。

なお、そんな私の講演を聴いた立憲民主党の方が、私を講師に招いてくださることもある。立憲民主党には、そんな器の大きい素晴らしい方もいらっしゃることは付言しておく。

6 候補者選考のあり方

ここまで、私の体験を時系列で述べてきた。読者の皆様は、どのように感じられただろうか。

振り返ってみて、私に足りなかったところは多々ある。本書を読んで、自業自得、政治家に向いていない、などと感じた方もおられることだろう。

一方、立憲民主党のやり方についてはどうだろうか。こんなやり方でよいのか？　という疑問が出てこないだろうか。問題点を整理し、解決策を考えてみたい。

●マトリョーシカ現象

一部の現職議員が密室で候補者を決める、というやり方でよいのだろうか。

およそ権力は濫用されるものである。「みんなのため」に使わなければならない権力を、権力者が「自分のため」に使うことが起きがちである。批判にさらされない密室であればなおさらである。

国民のために議員として仕事ができるのは誰か、ということより、それぞれの議員が、誰を選べば自分に都合がよいか、自分より大物だと党内で自分の立場が弱くなるとか、自分の言うことを聞く人の方が都合がよい、などという人選になってしまいがちではないか。野党は安倍政権を「お友だち政治」と批判していたが、野党も内実は同じではないか。

もちろん、密室で素晴らしい人が選ばれることもあるだろう。しかし、議員としての資質や志より、誰が推す人か、議員同士の権力関係で人選がなされ、候補者選考は現職議員の権力闘争の場となっていたりしないだろうか。未決定事項を抜け駆け的にリークして報道させ既成事実を作る、という汚い手法も使われる。

最近、「政治家が小粒になった」といわれることがある。なぜ小粒になるのか。小選挙区制のせい、といったこともあるだろうが、それだけではないだろう。現職議員が自分に都合のよい人選をすれば、より小粒な人が選ばれがちとならないか。それを繰り返していたら、党勢も政治全体も下がっていくことだろう。この現象を「マトリョーシカ現象」と名付けたい。

●予備選挙

では、どうすればよいか。

候補者選考のプロセスを透明化し、民主的手続で決めたらどうか。具体的には、候補者を公募のうえ予備選挙を実施し、党員などの投票によって決めるという慣行を作るべきだと思う。

予備選挙の最多得票者が立候補すれば、本番の選挙でも、より勝てる候補者となることだろう。さらに、予備選挙のことが報道され話題となり、政党の知名度が増すメリットもあるだろう。投票したいから党員になろう、という人も増えるかもしれない。このように、政党にとって好ましいことである。

予備選挙で敗れる側にとっても好ましいことである。選挙でガチンコ対決なら負けた方も納得するしかなく、私のように闇の中で消されて人知れず憤懣を抱える者は出なくなる。手続きの公正さは、敗者が納得するために重要である。

そして何より、民主主義という憲法の基本原理に適うやり方であり、有権者にとっても好ましいことである。国政選挙の候補者選びという代表民主制の重要な部分が密室で行われるのでは、有権者の知る権利（憲法21条）が充足されていない。有権者の選択肢が密室であらかじめ勝手に消されてしまうのでは、選挙権（憲法15条）が制約されているとも言える。有権者が選んだ人が立候補するなら、選挙への関心も高まり、投票したい人がいないから棄権する、ということも減り、投票率も向上するのではないか。密室で決めるより、国民にとって良き人材が議員に選ばれることも増えるだろう。

野党が統一候補を立てるなら、共闘する複数の野党が協力して、1人を選ぶ予備選挙を実施してはどうか。現状は、立憲民主党県連が密室で候補者を決めた後で、他の野党に「この人に決めたからこの人を一緒に応援するように」というやり方である。他の党を子分だと思っているかのようである。

世襲議員が多いことが問題視されることもある。これも、現職議員が自分の子を後継候補に選ぶから世襲となるのである。世襲でない応募者も交えて予備選挙で決めればよい。世襲者の他にどんな候補者が考えられるか、という選択肢が有権者に示される意義は大きいと思われる。予備選挙で世襲者が選ばれたとしても、世襲議員に対する批判は緩和されるであろう。

現職議員が次の選挙にまた立候補する意向の場合にも、新人候補者を募って現職議員と横並びで予備選挙を実施するなら、現職議員は緊張感を持って仕事を頑張るようになるだろう。このようにすれば、世襲議員を減らすとともに、女性議員を増やす方向にも働くかもしれない。現職議員が男性多数であることが問題視されているが、現職議員がそのまま次の選挙の候補者になるなら、男性多数の現状が変わらない。

このように様々なメリットがあると考えられるが、現職議員にとっては気が進まないであろうから、有権者が問題意識を持ち声を上げていなければ実現しないだろう。そのためには、報道機関の役割も重要である。が、候補者選考の過程はあまり報道されないのが現状であり、そういう問題を意識したことがない方が多いと思われる。広島での買収事件を受けて「民主的で公正な選挙を」と訴える方も、密室で非民主的で不公正な候補者選考が行われているかもしれないことには目が向いていない。本書を手掛かりに、現状のやり方でよいのか、という問題意識を多くの方と共有できれば幸いである。

●人を大切にしてほしい

立候補の打診をするなら、声をかける前にその人のことをきちんとリサーチし、少なくともSNSや著書には目を通しておくべきだと思う。塩村あやか参議院議員と的場豊県議は私の講演を聴き本も読んでくださったうえで声をかけてくださったので感謝しているが、ほかの方々は著書を読んでみなければという気持ちもなさそうで、私のことをさして調べているわけでもなさそうなのに、又聞き情報で立候補を勧めてきたように見えた。そういうところは、私を推してくださった旧立憲民主党の方々もいいかげんだった。最初からいい加減な話だったから、いい加減な結果に終わった、という面もあるように思う。何より、「立憲」を党名に掲げているのに、立憲主義を広める私の活動に関心があるわけではなさそうな様子を残念に思った。

そして、声をかけて説得して引き受けさせておいて、知らないうちにほかの人にも声をかけて乗り換える。利用できそうな者は都合よく利用して、用が済んだらポイと捨てる。人の人生を振り回しても何とも思わない。権力を手にすると、人はそうなりがちなのだろうか。

また、立憲民主党には、政治家を育てる、という発想もゼロだった。出馬要請を受諾したあと、準備しておくことは？　と聞いても「ない」とのことだった。

人を大事にせず、味方だった人を敵にしていくようでは、党勢も下がることだろう。

なお、立憲民主党には、私の活動を応援してくださる方、講師に招いてくださる方もおられ、そういう方には感謝しているし応援したいと思っている。

●主権者教育

究極的には、有権者が候補者の真贋を見極める目を持っていれば、政党もウケ狙いのような人選はしにくいはずである。戦後長年にわたって、主権者教育の仕組みを政治の力で作ってこなかったことが、この国の根本的な問題である。

憲法というルールを守らないといけないのは誰か。守らせるのは誰か。主権者とは何をする人か。私たちはどのように政治と関わったらよいのか。民主政の道具である表現の自由や知る権利を、どのように使うのか。

そういったことを、学校で教わりましたか？

文科省は何をやっているのか？　と、国会議員が文科大臣を追及してほしい。

主権者を育てる教育の仕組みができていないという問題については本書では深入りしないが、講演では毎回お話ししている。『檻を壊すライオン』やユーチューブ「檻の中のライオンちゃんねる」の動画でも解説しているので、そちらでご覧いただきたい。

●だまっとれん

2022年のNHK大河ドラマ「鎌倉殿の13人」を、私は食い入るように見ていた。自分の身に重ね合わせながら。黒い権力闘争が正面から描かれ、毎週のように誰かが殺されていく。鎌倉時代も今も、やっていることは同じだ。今は命までは取られないが、それは憲法のおかげだ。

2021年の再選挙では、私は、密室の中でおかしな力が働いて消されてしまった、と感じている。私自身に足りないところがあったとは思っているが、私がどうであろうと、森本氏の秘書の妻である宮口氏が選ばれていたことだろう。

本書に登場する各氏が本書を読んだら、「椋は面接でこんなにダメだったのだ」と私を貶めようとするだろう。たしかにダメなところがあったと思う。しかし、利害関係者の森本氏が深く関与し、森本氏の秘書の妻を、森本氏が推して選ぶ、ということを、密室で行った以上、私利私欲の疑いからは逃れられない。

一部の議員の私利私欲のために、不公正なやり方で誰かを踏みつけていたら、禍根を残す。手続の公正さは、敗者が納得するために重要である。訴訟と同じである。権力によって闇の中で消される、権力に踏みつけられて抗えない、というのは、まことに悔しいことである。こういう悔しさに共感していただけることも多いが、自分が体験しないと想像しにくいのか、悔しさを理解してもらえない悔しさを感じることもたびたびある。

本書を読んで、「野党の批判をして自民党を利するのはけしからん」ということを言う人がいるかもしれない。しかし、都合の悪いことからは目を背けていたい、ということでは、進歩はない。政権担当能力を備え、多くの有権者から支持される政党になってゆくには、根本的なところから改めていかなければならないのではないだろうか。今後同じことが繰り返されないようにするためにも、これを公にする意義があると思う。

言いたいことを言わずにガマンするのは、つらいことである。だから憲法が「表現の自由」を保障している（憲法21条、拙著『檻の中のライオン』37頁）。水面下で行われている候補者選考の内幕を暴露するのは「タブー」なのかもしれないが、このまま黙ったままでいられようか。まさに「だまっとれん」である。

政治や選挙に関心があって活動しているような人でも、本書で述べたようなことなど考えたこともなかったという方が多いのではないかと思う。そのような方に、私が見てしまった舞台裏を、ぜひ知ってほしい。闇に光をあてたい。内実を見てしまい、かつ、自由に発言できる、という立場にある私が、表現の自由を使って問題提起をしなければならない。

本書を読んだ人が、政治家を目指そう、候補者公募に応募してみよう、と思うだろうか。人に見せられないようなやり方をやっていて、良い政治が行われるだろうか。

候補者選考のあり方。そして、主権者教育のあり方。目先の選挙で勝つか負けるかばかりでなく、政治の根本的なところを政治の力で正していかなければ、日本国憲法が定める立憲民主主義のシステムは機能せず、私たちのための政治は行われないだろう。

「変える勇気。その先へ！」

あとがき

日本では「政治と宗教の話はタブー」などと言われる。主権者である私たちが表現の自由（憲法21条）を使って意見を述べたり議論したりしてこその民主主義であるが、そういった憲法の理念と現実とが大きく乖離している。私は外国の事情には明るくないが、日本以外の民主主義諸国では、人々が政治の話をすることはごく普通のことであるという話もよく聞くところである。

水面下で行われる候補者選考の内幕を公にすることも、「タブー」と言われるかもしれない。しかし、候補者選考のあり方は代表民主制の重要部分である。憲法上の権利を行使してこれを公にすることがタブー視されるようでは、この国の民主主義は形ばかりということになるであろう。

本書で述べた経緯は、この話を聴いてくださる講演参加者・主催者の皆様、そして、あけび書房の岡林信一氏がおられなければ、闇に埋もれていたところであった。皆様に厚く御礼申し上げます。

一部始終を間近で見ていた私の妻は、本書の原稿に丹念に目を通し、数多くの修正意見を述べてくれた。弁護士業務をすっかりなげうってしまった私を様々に応援してくれる妻にも感謝したい。

ところで、本書では「2人区における再選挙」という特殊性のある選挙の候補者選考について述べたが、他のノーマルな選挙・選挙区、他の政党でも、候補者選考の過程で似たような嫌な思いをした方はおられるのではないだろうか。報道されないからわからないだけかもしれない。そんな方がおられたら、ぜひＳＮＳ等でご連絡ください。そういった埋もれた事例を収集して何かにつなげたい、というのも、本書を世に出す意義のひとつと考えています。

椋大樹 Facebook

椋大樹 Instagram

棣　大樹（はんどう たいき）

1975年広島県生まれ。中央大学法学部法律学科卒業。2004年広島弁護士会登録。著書に『檻の中のライオン　憲法がわかる46のおはなし』『けんぽう絵本　おりとライオン』『憲法紙芝居　檻の中のライオン』『檻を壊すライオン 時事問題で学ぶ憲法』（いずれも、かもがわ出版）がある。檻の中のライオン憲法講演活動を全都道府県で展開中。

なお、「棣」という漢字は「はんぞう」で変換できます。漢字の意味については検索してみてください。

茶番選挙　仁義なき候補者選考

2024年3月11日　初版1刷発行
著　者　椋大樹
発行者　岡林信一
発行所　あけび書房株式会社
〒167-0054　東京都杉並区松庵 3-39-13-103
☎ 03-5888-4142　FAX 03-5888-4448
info@akebishobo.com　https://akebishobo.com
印刷・製本／モリモト印刷
ISBN978-4-87154-260-9　c3031